Max Weibel Edelsteine

Max Weibel

EDELSTEINE

und ihre Mineraleinschlüsse

Unter Mitarbeit von
Eduard Gübelin

ABC Verlag Zürich

Gestaltung: Henry D. Béguelin
Photos: Eduard Gübelin, Daniel Gendre
Fotolithos Cliché + Litho AG, Zürich
Gesamtherstellung Offset + Buchdruck AG, Zürich
Printed in Switzerland

ISBN 3-85 504-088-5

Inhaltsübersicht

Vorwort

Dieses Buch verfolgt ein dreifaches Ziel: ein fachliches, ein ästhetisches und ein werbendes. Wenn man sich mit Edelsteinen befasst, werden zwangsläufig nicht nur der forschende Verstand und die Wissenschaft, sondern ebensosehr das Schönheitsempfinden und die Gefühlswelt angesprochen.

Das Buch möchte einmal dem Gemmologen und dem Liebhabersammler in verständlicher Form eine Übersicht über die häufigeren Edelsteine und ihre Einschlussmineralien vermitteln. Einschlüsse sind keine Fehler. Vielmehr gehören sie zu den Edelsteinen wie die Flächenverzerrungen zu einem natürlich gewachsenen Kristall oder die Unregelmässigkeiten zu einem echten Perserteppich. An einem hochwertigen Edelstein sollten Einschlüsse so klein sein, dass sie erst im Mikroskop auffallen. Dann aber erweisen sie sich als überaus vielfältige, bizarre und schöne Gebilde – oft auch als einziges sicheres Herkunftszeichen. Angesichts der enormen Zunahme technisch raffinierter Synthesen und Imitationen erhält das Studium der Edelsteineinschlüsse eine ständig zunehmende Bedeutung.

Zum zweiten möchte dieses Buch die Schönheit der Edelsteine und ihrer mikroskopischen Innenwelt dem Leser nahebringen. Die Möglichkeiten der heutigen Dunkelfeld-Stereomikroskopie wie auch der Photographie erschliessen hier eine Welt, die immer noch wenigen bekannt ist. Die landläufige Vorstellung geht dahin, ein Edelstein müsse möglichst rein sein. Danach richtet sich die kommerzielle Bewertung. Völlig reine natürliche Rubine und Smaragde sind nicht nur äusserst selten zu finden, sondern auch kaum mehr von den viel billiger erhältlichen Synthesen zu unterscheiden. Eine der vornehmsten Klassen der Edelsteine, die Sternsteine und Katzenaugen, verdanken ihren optischen Effekt gerade der dichten Anreicherung wohlgeordneter Einschlüsse im Innern.

Schliesslich möchten wir auch einem eher ungewohnten Studiengebiet neue Liebhaber zuführen. Vor zwanzig Jahren begann das Mineraliensammeln einen mächtigen Aufschwung zu nehmen. Heute hat sich diese Entwicklung abgeflacht, und auf den führenden Mineralienbörsen in Deutschland (München) oder den USA (Tucson) bekommt das Angebot geschliffener Steine bald den Vorrang. Mit diesem Buch möge mancher Sammler angeregt werden, sich mit der faszinierenden Welt der Edelsteine zu befassen. Einschlussführende Steine sind billiger als Exemplare höchster Reinheit, nicht nur bei den Diamanten. Einschlüsse liefern ausserdem Hinweise auf die Entstehungsbedingungen und die Vorgänge im Erdinnern zur Zeit der Bildung der Edelsteine. Daher ergeben Edelsteine, die ein Zeugnis ihrer Herkunft eingeschlossen haben, höchst spannende Studienobjekte.

Die Idee zu diesem Buch entsprang aus der langjährigen Zusammenarbeit zwischen M. Weibel, Professor an der Eidgenössischen Technischen Hochschule Zürich, und E. Gübelin, einem der führenden Gemmologen der Gegenwart. Bei der Abfassung des Textes ist der Verfasser laufend von E. Gübelin mit seiner reichen Erfahrung unterstützt worden. Die Mikroaufnahmen stammen von E. Gübelin und sind eine Auswahl aus vielen tausend

Edelsteinschürfer beim Waschen von Flussgeschiebe. In der Nähe von Ratnapura (Sri Lanka).

über die letzten dreissig Jahre gesammelten Bildern. Die Makrophotographien der geschliffenen Steine verfertigte D. Gendre, Photoatelier, Küsnacht. Ferner haben mit experimentellen Untersuchungen Prof. Dr. W. Oberholzer, Dr. F. Woensdregt, R. Wessicken, Z. Fejér und R. Gubser zur Aktualität des Buches beigetragen. Viele neue Ergebnisse sind verarbeitet, ohne dass jeweilen speziell auf die Urheber hingewiesen wird. Ein nicht geringes Verdienst kommt schliesslich dem ABC Verlag zu, der keine Mühe scheute, durch hervorragende Drucktechnik etwas von der Schönheit der Edelsteine auf dem Papier einzufangen und an den Leser weiterzugeben.

Einleitung

Edelsteine sind durch besondere Eigenschaften ausgezeichnete Mineralien, die man in der Natur als Bestandteile von Gesteinen findet. Dabei lassen wir die von Organismen hervorgebrachten Perlen und Korallen ausser Betracht. Ein Edelstein sollte folgende drei Qualifikationen erfüllen: Schönheit, Seltenheit und Dauerhaftigkeit. Für die Wertschätzung beim Publikum haben stets noch andere Faktoren, wie Mode, Geschmack, Überlieferung und blosse Vorurteile, eine Rolle gespielt. Schöne burmesische Rubine erzielen in mehrkarätigen Exemplaren astronomische Preise. Rein vom Aussehen kommen feine rote Burma-Spinelle bei viel niedrigerem Preis weitgehend an Rubin heran. Grüne Vanadium-Grossulare (Tsavolithe von Kenia) sind in guten Exemplaren viel teureren Muzo-Smaragden insofern überlegen, als der Granat durch höhere Lichtbrechung und wesentlich geringere Sprödigkeit vor dem Beryll ausgezeichnet ist. Aber Tsavolith kennt man erst seit fünfzehn Jahren, und Smaragd wurde schon von den vorkolumbischen Völkern verehrt.

Erst der richtige Schliff offenbart die volle verborgene Schönheit eines Edelsteins. So wirken rohe Rubine dumpf und matt, aber geschliffen erlangen sie ihre unvergleichliche Strahlkraft und Lebhaftigkeit. Das Facettenschleifen, das gegen Ende des Mittelalters langsam aufkam und das blosse Polieren der Naturformen ablöste, erfordert hohes technisches Können, viel Feingefühl und langjährige Erfahrung. Schliffart und Schlifform nehmen bei kostbaren Edelsteinen in erster Linie auf die Beschaffenheit des rohen Steins Rücksicht. Um möglichst wenig Gewicht zu verlieren, belassen orientalische Schleifer die Steine oft in einer unförmigen Gestalt, so dass später ein Nachschleifen nötig wird. Für viele Edelsteine gibt es klassische Schlifformen, und manche Steine verlangen geradezu nach einer bestimmten Schliffart.

Die Wertbestimmung eines Steins ist immer eine schwierige Aufgabe und bei seltenen Steinen stark von der persönlichen Gewichtung abhängig. Eine Bewertung richtet sich vor allem nach der Qualität eines Steins (Farbe, Gewicht, Durchsichtigkeit, Lebhaftigkeit, Schliff), dann aber auch nach dem Markt (Herkunft, Vorkommen, Angebot, Nachfrage, Werbung). Bereits feinste Nuancen wie geringfügige Farbunterschiede können den Preis entscheidend heben oder senken. Die Farbe kann sich auch mit der Art der Beleuchtung ändern, daher prüft man einen teuren Stein sowohl bei Tageslicht wie bei Kunstlicht. Bei den meisten Edelsteinen gibt es seltene und daher begehrte Farbtöne, für die der Sammler viel zu zahlen bereit ist. Die Gewichtseinheit für Edelsteine, das Karat (ct), entspricht 0,2 Gramm. Beim Gold hingegen gibt Karat die Zusammensetzung an; 24karätiges Gold hat einen Feingehalt von 100%.

Früher hat der Härtegrad eine wichtige Möglichkeit zur einwandfreien Bestimmung von Edelsteinen geboten, da jeweils der härtere Stein in der Lage ist, den weicheren zu ritzen. Die Härteskala reicht von 1 bis 10. Der härteste Naturstein überhaupt ist Diamant (Härte 10), der härteste Farbstein Korund mit den Varietäten Rubin und Saphir (Härte 9). Die Härtestufe 8 kommt Topas zu, 7 dem Quarz. Weichere Mineralien als der weitverbreitete und im Strassenstaub allgegenwärtige Quarz erheischen beim Tragen als Schmuck vermehrte Vorsicht wegen der Gefahr des Zerkratzens und Mattwerdens. Die Härteskala setzt sich nach unten über Feldspat (6), Apatit (5), Fluorit (4), Calcit (3), Gips (2) zu Talk (1), einem sehr weichen Mineral, fort. Diese rein empirischen Mohsschen Härtegrade sind physikalisch schwierig zu fassen, um so mehr als die Ritzhärte bei allen Mineralien (auch den kubischen) richtungsabhängig ist. Für die Praxis hat sich die Einteilung dennoch hundertfach bewährt.

In diesem Buch werden auch die Synthesen berücksichtigt. Ihre Zahl hat sich seit der ersten künstlichen Herstellung von Rubin 1902 anfangs nur zaghaft, in den letzten zehn Jahren aber sprunghaft vermehrt, ohne viel Einfluss auf die Preisentwicklung der natürlichen Steine zu nehmen. Es ist üblich, den synthetischen Gegenstücken zu den natürlichen Edelsteinen die bestehenden Mineralnamen zu geben. Man spricht also von synthetischem Rubin, obwohl man damit altehrwürdige Nomenklaturregeln der Mineralogie verletzt. Mineralien heissen allein die natürlichen festen Bestandteile der anorganischen Welt, aber nicht die im Labor gezüchteten Kristalle. Gemmologisch gelten als Synthesen nur solche Kunstprodukte, die in chemischer und struktureller Hinsicht ein Vorbild in der Natur besitzen. In der englischsprachigen Literatur haben die Synthesen seit langem einen festen Platz. So zeigt die vierte Auflage von Webster's Gems (Butterworths, London, 1983) gross auf dem Umschlag eine gezüchtete, synthetische Smaragd-Kristallgruppe, wenn auch ein natürlicher Stein dem renommierten Handbuch besser anstünde. In der Fachwelt hält man strikte an der Unterscheidung zwischen natürlichen Edelsteinen, die allein «edel» sind, und synthetischen Steinen (nicht Edelsteinen) fest.

Besitzerfreuden am einmaligen Original wie auch überlieferte Wertvorstellungen erklären das enorme Preisgefälle von natürlichen Edelsteinen zu synthetischen Steinen. Betrachtet man nur das Material, so sind ein Edelstein und seine Synthese dasselbe, zumal ja die gleichen Kristallgesetze bei beiden herrschen. Doch können die Bildungsbedingungen einer Laborsynthese in den wenigsten Fällen der Natur völlig angeglichen werden. Für den Gemmologen ergeben sich im Mikroskop und in empfindlichen Messinstrumenten charakteristische Unterschiede, etwa in feinen Innenstrukturen, unverkennbaren Einschlüssen und physikalischen Anomalitäten. Mit der Herkunft teurer Steine mag es sich ähnlich verhalten wie mit der Echtheit antiker Kunstgegenstände. Es gibt sehr seltene Fälle, wo eine raffinierte Synthese (Fälschung) nicht mehr von einem natürlichen Stein zu unterscheiden ist. Mit der Perfektion der Synthesen verfeinern sich aber auch die Erkennungsverfahren, und bisher haben die Gemmologen immer mit den Kristallzüchtern Schritt gehalten. Während Synthesen beliebig herstellbare Kunstprodukte sind, wird ein natürlicher Edelstein immer seinen Wert behalten; denn keiner ist dem andern gleich, und jeder ist ein einmaliges Meisterwerk der Natur von individueller Besonderheit.

Einteilung der Edelsteine

Gemmologische Handbücher ordnen die einzelnen Edelsteine oft nach abnehmender Bedeutung mit Diamant am Anfang, gefolgt von Korund und Beryll. Dem Dutzend allbekannter Edelsteine schliesst sich dann die weitläufige Gruppe der weniger gängigen bis sehr seltenen Sammlersteine an. Diese Gliederung, der auch in diesem Buch gefolgt wird, entspringt rein praktischen Bedürfnissen und beansprucht keinerlei Wissenschaftlichkeit. Ebenfalls aus der Praxis entstammt die Unterteilung in die vier Obergruppen Diamant, Farbsteine, Schmucksteine (im engeren Sinn: alle undurchsichtigen Edelsteine), Phänomenalsteine. Die letzteren umfassen Edelsteine mit besonderen optischen Phänomenen; Beispiele sind Opal, Mondstein, Sonnenstein (Feldspat mit Hämatiteinlagerungen), Sternsaphir. Die Bezeichnung Farbsteine schliesst nicht aus, dass Farbsteine gelegentlich einmal in farblosen, wenn auch wenig begehrten Varietäten auftreten.

In der wissenschaftlichen Mineralsystematik ist eine Obereinteilung in chemische Verbindungsklassen üblich: Elemente, Sulfide, Halogenide, Oxide, Karbonate, Sulfate, Phosphate und Silikate. Die weitere Unterteilung stützt sich dann aber auf die Kristallstrukturen. So gliedert man die Silikate in fünf strukturelle Abteilungen. Das atomare Grundbauelement der Silikate ist die elektrisch vierfach negative SiO_4-Gruppe, wo ein Siliziumatom tetraedrisch von vier Sauerstoffatomen umgeben ist. Bei den Inselsilikaten sind nun die isolierten SiO_4-Gruppen ausschliesslich über Metallionen (Beispiele: Magnesium, Calcium) miteinander verbunden (Beispiel: Granat), bei den Gruppensilikaten vereinigen sich mehrere SiO_4-Gruppen zu Komplexen wie Sechserringen Si_6O_{18} (Beispiel: Beryll). Unendliche ein-, zwei- und dreidimensionale Verknüpfungen von SiO_4-Gruppen über gemeinsame Sauerstoffatome haben wir bei den Kettensilikaten (Beispiel: Spodumen), bei den Schichtsilikaten (Beispiel: Glimmer) und bei den Gerüstsilikaten (Beispiel: Mondstein). Der Strukturtyp lässt sich nur indirekt aus gemessenen Röntgenstrahl-Beugungen mit Hilfe komplizierter Rechenoperationen ableiten und nicht etwa direkt projizieren wie ein menschliches Knochenbild.

Manche Mineralien und Edelsteine bilden Mischkristalle zwischen chemisch definierten Endgliedern. Diese Erscheinung ist die Regel etwa bei den Granaten, deren chemisch einfache, unvermischte Verbindungen gar nicht alle in der Natur vorkommen. Granat ist eine Familienbezeichnung und umfasst zahlreiche selbständige Mineralien, die alle die gleiche Kristallstruktur aufweisen und durch schwierig abgrenzbare Übergänge in mehrfacher Weise miteinander verbunden sind. Viele Edelsteine enthalten Beimengungen anderer, analog gebauter Verbindungen in chemischer Mischung, aber nur als untergeordnete Nebenkomponenten (Beispiel: Rubin Al_2O_3 mit ungefähr 1% Chromoxid Cr_2O_3). Für die Farbabarten der bekannteren und feineren Edelsteine verwendet man meist nicht den allgemeinen Mineralnamen, sondern eigene Varietätennamen (Beispiel: Rubin für chromgefärbten, roten Korund). Seltene Farbvarietäten kann man durch den vorgesetzten Namen des chemischen Elementes, das die Farbe verursacht, kennzeichnen.

Aus der Geschichte

Schon in der Frühgeschichte des Menschen müssen glitzernde Steine das Interesse herumstreifender Jäger und Sammler erregt haben. Oder der urzeitliche Bauer ist beim Umgraben auf einen funkelnden Quarz, einen roten Karneol gestossen und hat den auffallenden Fund in Besitz genommen. Mit den ungewöhnlichen Steinen wurden uralte religiöse Vorstellungen von geheimnisvollen, verborgenen Kräften in Verbindung gebracht. So dienten die Edelsteine anfangs vornehmlich als Amulett, erst später als Schmuck und in der Neuzeit als Kapitalanlage. Wohl die ältesten bearbeiteten Edelsteine sind Lapislazuli und Türkis, die im Vorderen Orient seit Urzeiten in hohem Ansehen stehen. In China reicht die Verehrung des Jade fast ebenso weit zurück, in Mittelamerika ist der Jade ab 1500 v. Chr. in Grabbeigaben enthalten. Der Diamant kam noch in vorchristlicher Zeit von Vorderindien in den Mittelmeerraum und wurde von den Römern wegen angeblicher magischer Wirkungen hochgeschätzt. Dieser Aberglaube verschwand vorübergehend mit der Ausbreitung des Christentums.

Das Facettenschleifen entwickelte sich erst im späten Mittelalter (Diamantschleifen in Venedig im vierzehnten Jahrhundert), während die Steinschneidekunst schon bei den Römern in hoher Blüte stand und in der Herstellung von Stempelsiegeln bis 3000 v. Chr. zurückreicht (Babylonien). Die griechischen und römischen Kameen, die aus verschiedenfarbigem, lagigem Achat (Lagenstein) gearbeitet sind, stellen unübertroffene Kunstwerke in Edelstein dar. Im Mittelalter fanden Edelsteine in der kirchlichen Kunst und für die Insignien der Herrscher Verwendung; als profaner Schmuck breiteten sie sich erst in der Neuzeit aus. Auch nach dem Zweiten Weltkrieg hat man immer noch neue Lager bereits bekannter Edelsteine entdeckt (Diamanten in Sibirien), oder es sind völlig neue Edelsteine, die man vorher nicht kannte, auf den Markt gekommen (Tansanit und Tsavolith aus Ostafrika). Neue Vorkommen verdanken manchmal seltsamen Zufällen ihre Entdeckung. In Lesotho (Südafrika) führte ein Kind, das mit einer diamantenen Murmel spielte, auf die Spur der dortigen Kimberlitschlote.

In früheren Zeiten wurden manche Edelsteine verwechselt und nicht richtig benannt. So ist der fünf Zentimeter grosse «Black Prince's Ruby» der englischen Staatskrone gar kein Rubin, sondern ein Spinell. Zwar ist den Alten die scharfe, oktaedrische Kristallform des Spinells nicht entgangen, und der Mineralname deutet möglicherweise auf die ausgeprägten Spitzen der Kristalle, aber man hatte früher keine Möglichkeit der chemisch-kristallographischen Unterscheidung und rechnete Spinell ebenso wie Rubin und Granat zum Karfunkel. Auch heute noch geht etwa die archäologische und frühgeschichtliche Literatur ähnlich unkritisch mit mineralogischen Definitionen um. In Peru gelten türkisfarbene Artefakte generell als Türkis, obwohl sozusagen alles Chrysokoll ist, und lasurblaues Material wird unbekümmert als Lapislazuli (oder ganz selten als Sodalith) taxiert, die es beide in Peru nicht mit Sicherheit gibt. Die vorkolumbischen Kunsthandwerker verwendeten hingegen einen seltenen, violettblauen Dumortieritfels, dessen Fundstellen bekannt sind.

Cuius ſtudio additę ſunt & præci puæ gemmarū lapi dūq; p̃cioſorū expli= catiões, ex uetuſtiſſ. q̃buſq; autorib⁹ co= actæ. Cū ſcholijs Pi ctorij Villingē.

Εμ μαργάριτομ τι μιομ... Ἀποδοὺς ἅπαντα λάμβανε.
En margaritū no= bile, Eme ſi cupis diteſcere.
Rationale. Exodi. 28. & 39. Leui. 8.

Doctrina & Veritas

3 Smaragdus Leui	4 Carbūcul⁹ Iuda	5 Saphirus Zabulon
2 Topazius Simeon	9 Amethyſtus Aſer	6 Iaſpis Iſachar
1 Sardius Rubē	10 Chryſolitus Nepthalim	7 Lincurius Dan
Beryllus Beniamin	11 Onychinus Ioſeph	8 Achates Gad

Brustschild des Hohenpriesters mit den zwölf Edelsteinen nach einem alten Stich.

Edelsteine haben bei der Menschheit von alters her als Symbole gedient. Die Völker Mesopotamiens besassen Planetensteine, und im alten Indien war der Glaube an die Heilkraft der Edelsteine wach. Wie den Planeten schreibt man auch den Edelsteinen geistige Kräfte zu, die auf die menschliche Psyche wirken sollen. Das ist ein Grund für das mannigfache Tragen von Edelsteinen, für den chinesischen Brauch der Jade-Handschmeichler und für die Verehrung von Edelsteinen als Talismane. Im Mittelalter und noch in der Neuzeit dienten pulverisierte Edelsteine als Arznei der Reichen. Für die ärmeren Kreise war billiger Ersatz in Gebrauch. Diese Steintherapie (Lithotherapie) kam wohl aus Indien durch Vermittlung der Araber nach Europa. Noch im achtzehnten Jahrhundert hat man «der vielen Ermahnungen gelehrter Männer ungeachtet so manchen Edelstein nicht ohne Schaden des Geldbeutels unter die Arzneien gemischt». Ein gewisser Glaube (Aberglaube?) lebt in weiten Kreisen fort und zeigt sich in der Wertschätzung der Monatssteine. Der Brauch, die Tierkreiszeichen und den Sternenglanz mit Edelsteinen astrologisch zu verknüpfen, kann man an den Anfang der Neuzeit zurückverfolgen. Seither haben die Zuordnungen allerdings immer wieder gewechselt.

Auf der Brustplatte des Oberpriesters von Memphis erscheinen Smaragd, Jaspis und Onyx (schwarzer Achat). Der Hohenpriester der Juden trägt zwölf Steine entsprechend den zwölf Stämmen Israels (Zweites Buch Mose, Kapitel 28 und 39). Es ist allerdings nicht immer ganz offensichtlich, welche Edelsteine gemeint sind, da etliche Mineralnamen mit der Zeit ihre Bedeutung geändert haben. Die Bibel spricht von sappiros, womit Lapislazuli gemeint ist, und sie sagt hyazinthus für Saphir. Carbunculus (Karfunkel) kann Granat, Rubin oder Spinell sein. Nach einer verbreiteten Auslegung umfassen die zwölf Steine auf der Brusttasche Aarons: Karneol (Sarder), Topas, Smaragd, Granat (Karfunkel), Lapislazuli («Saphir»), Diamant («Jaspis»), Zirkon (Hyazinth), Achat, Amethyst, Peridot (Chrysolith) oder auch Türkis, Onyx, Jaspis. Zwölf (etwas andere) Edelsteine erscheinen wiederum im Neuen Testament als Grundsteine der Mauer des Neuen Jerusalem (Offenbarung des Johannes, Kapitel 21). Im Christentum werden die zwölf Steine des Altertums mit den zwölf Aposteln Christi in Verbindung gebracht.

Die magische Faszination, welche die Edelsteine ausüben, und der unwiderstehliche Zauber, der sie umgibt, haben sich bis auf den heutigen Tag erhalten. Bei alten Völkern wie bei modernen Menschen mag der Glaube an geheimnisvolle Kräfte und das Suchen nach verborgenen Bezügen einer leisen Sehnsucht entspringen, hinter den Erscheinungen der Dinge eine andere Welt und einen tieferen Sinn zu erkennen.

Entstehung der Edelsteine

Die Vorstellungen über die Entstehung der Edelsteine fügen sich in das allgemeine Bild, das die geologische Wissenschaft von den Vorgängen im Erdinnern und an der Erdoberfläche entwirft. Ein grosser Teil der Mineralien, die man als Edelsteine kennt, ist in gewöhnlicher, nicht schleifwürdiger Qualität weit verbreitet, und es ist erstaunlich, dass an wenigen besonderen Stellen auf der Erde die Ausbildung einen aussergewöhnlichen Grad der Vollkommenheit erreicht. Allerdings ist auf allen Edelsteinlagerstätten die höchste Feinheit wiederum die Ausnahme; der grössere Teil der Steine bleibt in Farbe, Fehlerfreiheit und Reinheit mittelmässig, und der Rest ist Ausschuss. Nur ein geringer Prozentsatz der Produktion kann jeweils zu Steinen mit dem Prädikat 1A verschliffen werden. Ein feiner Edelstein ist also in zweierlei Hinsicht eine Seltenheit: Erstens erreichen Mineralien nur auf wenigen Vorkommen Edelsteincharakter, zweitens sind dann nur wenige Steine von ausgesuchter Qualität. Beispielsweise findet man Rubin in derber Ausbildung auch in alpinem Strahlsteinschiefer (Arbedo, Schweiz). Farblich hübsche Rubine von Kenia und manchen anderen Vorkommen eignen sich wenigstens für Cabochonschliff. Tiefrote, durchsichtige Rubine kommen dagegen fast nur aus Burma und Thailand.

Die Bildung der Edelsteine hängt vom Ort, von der Zeit, von der Gesteinsumgebung, von Temperatur und Druck ab. Über die ganze Erde gesehen sind die grossen Edelsteingebiete sehr ungleich verteilt und auf wenige Hauptregionen konzentriert. Viele Edelsteine haben einen, zwei oder drei Schwerpunkte, wo ein beträchtlicher Teil der Produktion gefördert wird; für Diamant ist es Südafrika, für Rubin Thailand, für Smaragd Kolumbien, für Turmalin Brasilien, für Opal Australien. Weite Teile der Erde sind arm an schönen Edelsteinen, andere sehr reich wie Sri Lanka, Hinterindien, Brasilien, Süd- und Ostafrika, Madagaskar und strichweise Australien.

Wenn die Edelsteine im ursprünglichen Gesteinsverband vorkommen, wo sie durch geologische Prozesse gebildet wurden, spricht man von primären Lagerstätten. Viele von ihnen wurden im Laufe der geologischen Geschichte abgetragen. Die widerstandsfähigen Edelsteine blieben im Ablagerungsschutt und Flussgeschiebe deponiert und reicherten sich wegen des spezifischen Gewichtes als Bodensatz langsam an. So entstanden die viel bedeutenderen sekundären Lagerstätten oder Seifen (englisch: placers). Nur Opal und Smaragd werden ausschliesslich im primären Vorkommen gewonnen, da sie mehr oder weniger leicht verwittern.

Charakteristisch ist das hohe geologische Alter (Präkambrium) einiger der wichtigsten Edelsteingebiete und ihrer Primärvorkommen. Ausnahmen bilden die kolumbianischen Smaragde (Kreide bis Tertiär) und dann die Diamanten, die offenbar periodisch im Laufe der Erdgeschichte mit Eruptionen diamantführender Gesteine an die Erdoberfläche gelangten. So kennt man Diamantschlote im jüngeren Präkambrium, im jüngeren Silur und in der mittleren Kreide. Auch die bedeutenden, weit ausgedehnten Opalfelder Australiens werden irgendwo in die Zeit zwischen jüngerer Kreide und älterem Tertiär gestellt, wobei noch offen bleibt, ob für alle inneraustralischen Opalablagerungen Alter und Entstehungsbedingungen genau die gleichen waren.

Die Muttergesteine der verschiedenen Edelsteine spiegeln die Vielfalt geologischer Prozesse wider, die zur Bildung von Lagerstätten geführt haben. In einer groben Obereinteilung ordnet man die Gesteine in magmatische, sedimentäre und metamorphe Serien. Magmatische Gesteine sind aus einer glutflüssigen Schmelze erstarrt. Ausser gewissen Peridoten mit viel eingeschlossenem Chrom-Spinell (Hawaii) und Gesteinsgläsern (Beispiel: Goldobsidian) gibt es kaum Edelsteine rein magmatischer Entstehung. Auch Diamant ist nicht sicher aus einer Schmelze kristallisiert, da die meisten Peridotite (Olivingesteine) zum Schmelzen höhere Temperaturen benötigen, als man in den fraglichen Erdtiefen annimmt (1000–1300°).

Vielmehr bildeten sich manche Edelsteine wie Turmalin, Aquamarin, Topas, Zirkon, Spodumen, Mondstein und Quarz erst als späte Folge abklingender magmatischer Intrusionstätigkeit wie etwa im Umkreis von Granitmassiven. Hierbei entstanden heisse wässrige Restlösungen von hohem Druck, die das Nebengestein weit durchwanderten und dabei Gangfüllungen grossen Umfangs absetzten. Je nach der Kristallisationstemperatur und der Struktur bezeichnet man solche Bildungen als Pegmatite (grobkörnig, über 500°) und als hydrothermale Gänge (Abscheidung aus verdünnten Lösungen, unter 400°). Dazwischen siedelt man noch einen unscharfen, pneumatolytischen Bereich an. Viele Pegmatite enthalten späte, hydrothermale Ausscheidungen, die oft in der Gestalt von Drusen besonders gute Edelsteinqualitäten liefern.

Bei noch tieferen Temperaturen können sich Opale (Mexiko) und Achate (Uruguay) in erkaltenden Vulkangesteinen abscheiden. Die bedeutsamsten Opalvorkommen aber, diejenigen Australiens (South Australia, New South Wales, Queensland), sind sedimentär, das heisst durch exogene Vorgänge wie Verwitterung, Ablagerung, Grundwasserzirkulation und Verdunstung entstanden. Von den wichtigen und hochwertigen Edelsteinen ist Opal einer der beiden einzigen sedimentären. Er fällt wie andere sedimentäre Bildungen durch geringe mechanische und chemische Beständigkeit ab. Dafür besitzt Opal das vollkommenste, von keinem anderen Edelstein auch nur annähernd erreichte Farbspiel. Der andere sedimentäre Edelstein ist der seit dem frühen Altertum geschätzte Türkis, der sich in verwitternden Kupferlagerstätten findet, besonders schön in Persien.

Zu einer umfangreichen und vielfältigen Gruppe vereinigen sich die metamorphen Edelsteine mit Korund, Spinell, dem grössten Teil der Smaragde, Granat, Andalusit, Tansanit und Jade als den wichtigsten. Für metamorphe Gesteine, in denen die metamorphen Mineralien als Gemengteile vorkommen, ist ein Temperaturbereich von 200–700° charakteristisch. Darüber schmelzen schon viele Gesteine beim herrschenden Druck in Anwesenheit von Wasser, und darunter gelangt man in den sedimentären Bereich. Typisch metamorphe Gesteine finden sich im Umkreis grosser Gebirgssysteme und alter Festlandsockel. Bei der Bildung spielten die mechanische Bean-

Burmesische Frauen beim Sortieren ihrer Tagesausbeute am Rand der Rubinfelder. In der Nähe von Mogok (Burma).

spruchung auf Zug, Druck und Scherung sowie die Anwesenheit von Porenlösungen eine ausschlaggebende Rolle. Das blosse Durchlaufen des metamorphen Temperaturintervalls beim Abkühlen eines magmatischen Gesteins führt noch nicht zur Metamorphose. Alte Sedimente (Schiefer, Mergel, Kalksteine) werden bei Gebirgsfaltungen zu mineralreichen kristallinen Schiefern metamorphosiert, und einzelne ihrer Mineralien erscheinen in den klassischen Edelsteingebieten in seltener Vollkommenheit.

Nicht zuletzt erlauben die Einschlüsse der Edelsteine nähere Aussagen über die Entstehungsgeschichte. Von grosser Bedeutung sind Gastmineralien vor allem für die Diamantforschung; aber auch bei andern Edelsteinen haben aussergewöhnliche Einschlüsse schon interessante Beziehungen offenbart, so Niobit in thailändischem Saphir (Bo Ploi) oder Dolomit in brasilianischem Smaragd (Santa Terezinha de Goiás). In anderen Fällen sind Einschlüsse genetisch weniger beweiskräftig, und grosse Unterschiede der Bildungsbedingungen können ohne sichtbare Wirkung auf das Kristallisationsverhalten sein. Künstliche Verneuil-Rubine (siehe Seite 44) sind bei 2000° gewachsen, dagegen haben die burmesischen Rubine kaum 700° erreicht (falls sie nicht nachträglich zur Farbverbesserung gebrannt wurden). Das blosse Auge kann die Steine nicht unterscheiden, so dass ahnungslose Käufer in Bangkok immer wieder auf die wertlosen Synthesen hereinfallen.

Farbe der Edelsteine

Neben Schliff und Brillanz ist die Farbe das auffallendste Merkmal und Gütezeichen eines Edelsteins. Dabei spielen nicht allein Reinheit und Leuchtkraft eine Rolle, sondern ebensosehr Seltenheit und Begehrtheit der Farbe. Dies erklärt vor allem die hohe Wertschätzung etwa für das «Taubenblutrot» des burmesischen Rubins, das Grün des Smaragds und das «Weiss» des Diamanten. Die Farben haben mannigfache Ursachen, die nicht immer ganz geklärt sind. Aber jeder Betrachter wird unabhängig vom physikalischen Verständnis stets von neuem durch den Reichtum, die feine Nuancierung und die Ausstrahlung der farbigen Edelsteine fasziniert, wenn er in der glücklichen Lage ist, sich mit diesen mineralischen Kleinoden der Natur zu befassen. Um die Farbphänomene der Edelsteine besser zu überblicken, kann man die Erscheinungen in die folgenden drei Klassen ordnen: Eigenfarben, Strahlungsfarben und optische Farbphänomene. Diese Bezeichnungen sind hauptsächlich als praktische Hilfe gedacht und entsprechen nicht unbedingt der genauen physikalischen Terminologie, die kein einfaches Schema für die ursächlich sehr verschiedenen Vorgänge der Farbentstehung bereithält.

Als Eigenfarbe bezeichnen wir etwa das Rot des Rubins oder das Grün des Smaragds. Diese Farben hat man auch «crystal-field colours» genannt, weil man die sehr komplizierte Kristallfeld-Theorie zur Erklärung heranzieht. Beim Rubin wie beim Smaragd ist das chemische Element, das die Farbe verursacht, Chrom (bis ein oder zwei Prozent). Auch Granate können durch Chrom sowohl rot als auch grün gefärbt sein. Gewisse rote Pyrope nehmen beim Erhitzen eine grüne Farbe an und wechseln beim Abkühlen wieder nach Rot (Aufweitung des Gitters). Die Spektralkurven chromgefärbter Steine haben je ein Absorptionsmaximum im gelben und violetten Wellenlängengebiet sowie je einen Durchlässigkeitsbereich im Blaugrün und Rot. Rückt die Spektralkurve etwas nach Blau, so erscheint ein Stein rot (erhöhte Durchlässigkeit im Rot); ist im Vergleich dazu die Kurve etwas nach Rot verschoben, so nehmen wir eine grüne Farbe wahr (gelbe Absorptionsbande ins Rot ausgeweitet, Durchlässigkeit ins Infrarot versetzt). Bei typischen Rubinen verursacht die Durchlässigkeit im Blaugrün den charakteristischen Purpurstich. Der rote Farbton reagiert auch empfindlich auf Spuren von Eisen (Braunstich) und Vanadium (Blaustich). Solche Nuancen lassen sich aus der Theorie nicht ableiten, und man verlässt sich dann besser auf die Erfahrung.

Interessant ist der Fall, wo die Spektralkurve zwischen der Kurve des Rubins und der des Smaragds liegt. Dies trifft beim Alexandrit, dem chromgefärbten Chrysoberyll mit Durchlässigkeitsmaxima im Rot und Blaugrün sowie Absorptionsmaxima im Gelb und Violett, zu. Ob nun der rote oder der blaugrüne Anteil des durchgelassenen Lichtes für den Farbeindruck den Ausschlag gibt, hängt von der spektralen Zusammensetzung des Lichtes ab: Tageslicht lässt Alexandrit grün erscheinen (auf Photofilm aber auch violettrot), Glühlicht, erst recht Kerzenlicht, machen den seltenen Stein purpurrot. Es ist nur schwer einzusehen, warum dieser Farbwechsel (Changieren) bei den schönen, aber äusserst seltenen russischen und ceylonesischen Alexandriten so verblüffend, bei den wenigen anderen alexandritartigen Edelsteinen meist viel schwächer ausfällt. Neben Chrom kann auch das chemische Element Vanadium zu alexandritartigem Verhalten beitragen.

Nicht nur Alexandrite sprechen auf Tageslicht und künstliches Licht verschieden an. Auch andere eigenfarbige Steine können im einen Licht besser als im andern zur Geltung kommen. Man spricht daher von Saphir als Tagesstein, da das feine Saphirblau bei Tag am schönsten leuchtet. Rubin und Smaragd gelten umgekehrt als Abendsteine und erstrahlen im warmen Kunstlicht in ganz besonderem Glanz.

Zu den Edelsteinen mit Eigenfarben zählen auch Türkis (färbendes Element Kupfer), Saphir (färbendes Element hauptsächlich dreiwertiges Titan – vierwertiges färbt nicht), Granat (färbende Elemente Eisen, Mangan, untergeordnet Chrom, Vanadium), Lapislazuli (Farbe konjugierter Bindungen) und schliesslich Sonnenstein (rötlichglitzernder Feldspat – Pigmentfarbe aus feinsten Hämatiteinschlüssen).

Unter Strahlungsfarben verstehen wir Verfärbungen, wie man sie an manchen ungefärbten Edelsteinmineralien durch energiereiche Strahlung (γ-Strahlung, Neutronenstrahlung) künstlich hervorrufen kann. Durch Erhitzen auf 200–400° entfärben sich solche Steine wieder, der Vorgang ist reversibel. Strahlungsfarben erklärt man mit Farbzentren (englisch: colour centres); das sind von abgespaltenen Elektronen herrührende Defekte in der Kristallstruktur. Solche Defekte sind an Gitterbaufehler gebunden, etwa an fehlende Fluorionen im Fluorit (Anionen-Leerstellen) oder an einzelne Aluminiumionen im Quarz (Fremdatome auf Gitterplätzen – einige Tausendstelprozent Aluminium). Zur Entstehung eines Farbzentrums in einer Kristallstruktur braucht es sowohl einen Baufehler wie auch einen Elektronendefekt. Beim Fluorit nimmt ein einzelnes Elektron die Anionen-Leerstelle ein, beim Quarz wird ein Elektron aus einem Sauerstoffatom rund um das Aluminium-Fremdatom herausgespalten. Auch beim Fluorit kennt man übrigens Fremdatom-Farbzentren, nicht nur solche in Leerstellen. Trotz der Verbreitung von Farbzentren bei Edelsteinen und anderen Mineralien hat man über die atomaren Vorgänge bei dieser Art der Farbentstehung nicht immer klare Vorstellungen.

Typische Strahlungsfarben begegnen uns im Braun von Rauchquarz, im Violett von Amethyst und in einigen Farben von Topas. Edelsteine mit natürlichen Strahlungsfarben sind in der Natur entweder farbig gewachsen oder erst nachträglich durch überall vorhandene geringe Strahlung farbig geworden, wenn man auch keine sicheren Beweise für das eine oder andere hat. Künstlich erzeugte Strahlungsfarben (auch einzelne natürliche) verblassen manchmal im Sonnenlicht. Farbverbesserung durch künstliche Bestrahlung ist nicht besonders geschätzt und gilt bei Verheimlichung als Betrug. Manche Farbe, so etwa bei Turmalin, lässt sich als Mischung von Eigenfarbe und Strahlungsfarbe deuten, wie überhaupt die beiden Farbklassen dem Ursprung nach zusammengehören. Die Lichtabsorption, die den Farbeindruck eines Edelsteins bestimmt, geht in beiden

Opal. Tschechoslowakei. Aufnahme mit dem Raster-Elektronenmikroskop (Festkörperphysik, ETH Zürich). Durchmesser der Kügelchen 0,5 µm oder 5 Zehntausendstelmillimeter. Regelmässige Anordnung mit einer Versetzung zwischen drittoberster und zweitoberster Schicht. Kügelchen wenig verfestigt.

Opal. Kein Fundort. Aufnahme mit dem Raster-Elektronenmikroskop (Festkörperphysik, ETH Zürich). Durchmesser der Kügelchen 0,2 µm oder 2 Zehntausendstelmillimeter. Kügelchen stark verfestigt, stellenweise nur noch die Zwischenräume erkennbar.

Fällen auf angeregte Zustände von Atomen und Elektronen zurück.

Mit optischen Farbphänomenen meinen wir alle jene Erscheinungen, die ihre Entstehung nicht der Wechselwirkung von Licht mit Elektronen der Materie verdanken, sondern rein optischen Vorgängen wie Streuung und Beugung. Letztere lässt sich als Kombination von Streuung an einer periodischen Struktur und Interferenz der entstandenen Teilwellen deuten. Die hier zusammengeschlossenen Farbeffekte kommen einigen der erlesensten Edelsteine zu, darunter dem Opal (Beugungsfarbe), dem Sternrubin und Katzenauge (Streuungsfarbe – siehe Seite 92) und dem Mondstein (Streuungsfarbe). Mondstein ist entmischter Alkalifeldspat, nämlich Kaliumfeldspat mit äusserst dünnen, gleichmässig angeordneten Albitlamellen, und so zeigen manche Mondstein-Cabochons auch einen schwachen Katzenaugen-Effekt. Es gibt sehr seltene Mondsteine mit einem blassen Farbspiel, das ganz entfernt an Opal erinnert. Obwohl Streuung ein weitverbreitetes optisches Phänomen ist, kennt man den wirklich himmelblauen, intensiven Lichtschimmer einzig beim Mondstein.

Bloss eine schwache, wenig auffallende bläuliche Lichtstreuung tritt im Blauquarz auf (Streuungsfarbe). Blauquarz enthält feinste, im Lichtmikroskop kaum ausmessbare Einschlüsse von faserigem Rutil (manchmal Turmalin) regellos verteilt. Ein anderes physikalisches Farbphänomen (Interferenz) liegt dem blauen und grünen, seltener orange Schiller gewisser Labradore zugrunde, die auch Spektrolith genannt werden (Interferenzfarbe). Am optimalsten zeigt sich der Schiller auf Flächen parallel zur seitlichen Spaltbarkeit (010). Labrador ist ein Plagioklas-Feldspat und verdankt die Farberscheinung des Labradorisierens einer feinen, orientierten Entmischung. Das Farbspiel ist flächenhaft und nicht mit jenem von hochwertigem Opal zu vergleichen, wo das Licht an einer dichten Packung gleich grosser Kieselsäurekügelchen abgebeugt wird (Beugungsfarbe – Durchmesser der Kugeln wenige Zehntausendstelmillimeter). Bei Bewegung eines erstklassigen Opals blitzen die einzelnen Spektralfarben mit grosser Intensität in buntschillerndem Nebeneinander auf und leuchten wie aus grosser Tiefe hervor.

Künstliche Farbveränderungen

Schon die Römer haben mit Erfolg versucht, die Farbe von Achaten zu verändern und nach damaligem Geschmack zu «verbessern». Seither hat es an ähnlichen Bemühungen nicht gefehlt. Ein französischer Arzt beschrieb 1751, dass gelbe brasilianische Topase durch Brennen im Feuer eine rötliche, blassem Rubin ähnliche Farbe bekommen und dass ahnungslose Käufer auf solche Rubinimitationen hereinfallen. Heute hat man es mit drei Arten von Farbveränderungen an Edelsteinen zu tun: Brennen (Erhitzen), Bestrahlen und Färben (Beizen). Solche Manipulationen sind bei hierfür geeigneten Steinen allgemein verbreitet und stellen die Gemmologie vor zusätzliche Probleme.

Brennen bei Temperaturen unter 1000°, bei vielen Steinen eine gängige Praxis, wird nicht beanstandet und braucht nicht deklariert zu werden, wenn sich die neue Farbe nicht wieder verändert. Es gibt nämlich in den meisten Fällen gar keine Nachweismöglichkeit eines solchen vorangegangenen Brennprozesses, und ein Stein hätte genausogut bei seiner Entstehung in der Natur etwas erhöhte Temperaturen durchlaufen können. Aquamarin wird meist grünlichblau gefunden und nimmt erst durch schwaches Brennen bei 400–450° sein schönes, reines Blau an. Hin und wieder erscheint Aquamarin schon auf der Lagerstätte blau, ohne dass sich naturblaue und gebrannte Steine voneinander unterscheiden. Aquamarin verdankt seine reinblaue Farbe der Reduktion von Eisenspuren in die zweiwertige Form. Das Prädikat naturfarben bei Aquamarin sagt demnach nicht viel, da es meist doch nicht stimmt.

Häufige hitzebehandelte Steine sind: Aquamarin, Zitrin, Saphir, Tansanit, Topas, Zirkon; ab und zu hitzebehandelte: Diamant, Turmalin; nicht hitzebehandelte: Alexandrit, Amethyst (durch Brennen würde Zitrin entstehen), Granat, Opal, Peridot, Smaragd. Bei Smaragden täuscht man oft ein besseres Aussehen durch vorgängige Behandlung mit Öl vor. Saphire und thailändische Rubine erhitzt man auf weit höhere Temperaturen als andere Steine (bis 1800°), was sich dann an den Einschlüssen durch Spannungshöfe und Schmelzspuren verrät. Derart starkes Brennen bringt bei thailändischen Rubinen blaue Farbzonen zum Verschwinden und verändert die Farbe etwas nach Orange. Ein so behandelter Korund wird weniger hoch bewertet als ein naturbelassener von gleicher Farbe, wenn auch der Beweis des Brennens bei ganz reinen Steinen nicht immer zu erbringen ist.

Behandlung mit energiereichen Strahlen gibt sich im Absorptionsspektrum, im Fluoreszenzverhalten und in der unnatürlichen Farbe zu erkennen. Kritisch sind wegen des hohen Wertes, der auf dem Spiel steht, bestrahlte Diamanten. Man wird gut daran tun, die Erfahrung eines international anerkannten Edelstein-Laboratoriums zu Hilfe zu nehmen, um über die Natürlichkeit eines ungewöhnlichen Farbdiamanten Gewissheit zu erlangen. Blaue Topase verdanken die Intensität ihrer Farbe meist einer Behandlung mit γ-Strahlen und nachfolgender Erhitzung der zuerst braun gewordenen Steine. Neulich kamen Topase mit einem besonders dunklen Blau auf den Markt und erregten gleich Verdacht, der sich durch eine merkliche Radioaktivität bestätigte. Hier hatte man die Farbe mit sehr wirksamen Neutronenstrahlen im Reaktor «verbessert» und die Steine durch die induzierte Radioaktivität nicht nur wertlos, sondern geradezu umweltverseuchend gemacht. Die Ursache der schädlichen Strahlung waren Spuren von Scandium 46. Immer wieder werden neue Anstrengungen unternommen, natürliche Steine zu manipulieren, und der Gemmologe wird nie ganz gegen Überraschungen gefeit sein.

Auch mit Farbstoffen bemüht man sich, Edelsteine zu färben (beizen), teils im rohen Zustand, teils im geschliffenen. Stecken betrügerische Absichten dahinter, so werden derartige Fälschungen meistens rasch erkannt. Als erwünschte Qualitätsverbesserung färbt man Achate in grossem Stil schwarz (Tränken in heisser Zuckerlösung, Verkohlung des Zuckers mit Schwefelsäure), rot (Tränken in Eisennitratlösung, Glühen), blau (Tränken in Cyanoferrat- und Eisensulfatlösung) und grün (Tränken in Chromsalzlösung). Auch andere poröse Edelsteine wie Jade und Türkis färben sich leicht. Ebenso werden billige Opale geschwärzt und als Imitationen des teureren Schwarzopals verkauft. Gewiegte Fälscher überziehen facettierte Edelsteine auf der Unterseite mit Farbe, um eine teurere Steinqualität vorzutäuschen. An einer Auktion wurde 1983 unbemerkt ein äusserst wertvoller zehnkarätiger rosa Diamant gegen einen viel billigeren, gleich grossen, gelb getönten ausgewechselt, den man an der Spitze unauffällig mit Nagellack bestrichen hatte. Die Routineprüfung mit dem Diamond Tester liess vorerst keinen Verdacht aufkommen, da ja die Reaktion für Diamant positiv ausfallen musste.

Synthesen und Imitationen

Eine Synthese (englisch: synthetic) nennt der Edelsteinfachmann ein Kunstprodukt, dessen Herstellung ganz oder teilweise durch den Menschen erfolgt ist. Chemische Zusammensetzung und physikalische Eigenschaften stimmen weitgehend mit denen der natürlichen Vorbilder (Edelsteine) überein. Eine Imitation (englisch: simulant) ist chemisch-physikalisch etwas anderes als der Edelstein, der nachgeahmt wird. Diesem ähnlich ist meist nur das Aussehen. Imitationen können auch natürliche Steine sein (Beispiel: farbloser Zirkon als Diamantimitation). Synthesen und Imitationen müssen im Handel klar gekennzeichnet sein, sonst liegen Täuschungen vor. Es wäre aber ein wirklichkeitsfremder Purismus, wollte man Synthesen und Imitationen aus dem Edelsteinhandel verbannen. Einige Synthesen sind auch nur beiläufiges Nebenprodukt viel wichtigerer technischer Produktionsprozesse.

Zwischen unbehandelten Edelsteinen, künstlichen Synthesen und Phantasieprodukten gibt es mancherlei Übergänge, so etwa natürliche Berylle mit synthetischer Smaragdbeschichtung nach Lechleitner, künstlich geschwärzte Opale und gewisse Opalsynthesen mit organischen Beimengungen oder mit unnatürlichem Wassergehalt. Liegen nun Synthesen oder Imitationen vor? Beim Türkis zirkuliert ein ganzes Gütespektrum vom naturbelassenen Edelstein über den behandelten, den «rekonstruierten» und den synthetischen Türkis bis zur Imitation. Natürlicher Türkis ist wegen seiner porösen Struktur gegen chemische Einflüsse, so etwa die menschlichen Hautabsonderungen, sehr empfindlich. Zur Verbesserung der Eigenschaften des Natursteins werden auch teure Qualitäten mit Kunststoffen stabilisiert (imprägniert, gehärtet, beschichtet); früher «veredelte» man vor allem billigen Türkis mit Farbe, Lack, Paraffin oder Kieselgel. «Rekonstruierter» Türkis wird aus kleinen, minderwertigen Türkisabfällen mit einem Bindemittel zusammengemischt. Synthetischer Gilson-«Türkis» weicht röntgenographisch etwas vom echten Türkis ab und ist daher bereits als Imitation zu bezeichnen. Eigentliche Türkisimitationen tauchen unter Phantasienamen im Handel auf und bestehen aus blaugefärbtem Hydrargillit, Magnesit, Dolomit und Calcit.

Die Gemmologen stellen die Bezeichnung Synthese (künstlich hergestellt) dem Begriff Edelstein (natürlich entstanden) gegenüber; man darf also nicht von «synthetischen Edelsteinen» sprechen (richtig: synthetische Steine). Eine Synthese muss nachfolgende Bedingungen erfüllen, sonst zählt sie zu den Imitationen: gleiche chemische Zusammensetzung wie der natürliche Stein, kein fremdes Bindemittel (Dubletten), gleiches Röntgendiagramm, gleiche Struktur im Raster-Elektronenmikroskop (Opal) und gleiches Aussehen. Edelsteinsynthesen sollen ein Gegenstück in der Natur haben; so ist künstliches Zirkoniumoxid keine Edelsteinsynthese, sondern eine Imitation (von Diamant). Es ist eine akademische Frage, wie ähnlich eine Synthese einem natürlichen Stein sein muss, um als Synthese zu gelten und nicht als Imitation; denn vollständig kann man die Natur nie nachmachen. Gäbe es gar keine Unterschiede zwischen synthetischen und natürlichen Steinen, so wäre eine Erkennung von Synthesen ja ausgeschlossen, und die Hersteller synthetischer Steine hätten ihr Traumziel erreicht.

Fabrikanten neuer Synthesen bestreiten jeden Hintergedanken. Seriöse Firmen bemühen sich um Aufklärung, müssen sich aber dennoch der Täuschungsmöglichkeiten bewusst sein. Die Chance der Betrüger ist offenkundig, sich irgendwo in die Verkäuferkette einzuschalten. Für synthetische Rubine, eine der gefährlichsten Synthesen, ist das Handelszentrum heute Bangkok, wo Rohware und Schleifgut für sich oder mit natürlichen Rubinen gemischt zum Verkauf gelangen. Die hier geschliffenen und manchmal sogar nachgebrannten Synthesen sehen natürlichen Steinen täuschend ähnlich. Durch das Brennen werden nicht nur gewisse Merkmale der Synthesen verwischt, sondern auch einzelne Kennzeichen natürlicher gebrannter Rubine imitiert.

Einzelne Hersteller von Synthesen arbeiten mit den Gemmologen zusammen und versuchen sogar, ihre Steine durch Beimengungen von Spurenelementen für den Spezialisten kenntlich zu machen. Andere Fabrikanten sind ebenso eifrig bestrebt, die Öffentlichkeit hinters Licht zu führen. Durch systematisches Studium der Syntheseprodukte ist es meist gelungen, die Ausgangsstoffe und Flussmittel herauszufinden, welche die Hersteller verwenden. Ein gut ausgerüstetes Edelstein-Laboratorium ist fast immer in der Lage, eine Synthese zu erkennen. Der praktische Juwelier, Sammler und Käufer hingegen sieht sich wachsenden Schwierigkeiten gegenüber.

Auf wichtige Synthesen wird in diesem Buch hingewiesen. Allerdings kann man bei der rasch wachsenden Zahl synthetischer Steine nicht erwarten, in dieser Einführung alle Merkmale und Besonderheiten erklärt zu finden. Die charakteristischen Unterschiede von den echten Edelsteinen muss man selber im Mikroskop kennenlernen, um den praktischen Blick zu erlangen. Imitationen sind weniger ein Problem, da sie leicht durch ihre ungewohnten Eigenschaften auffallen.

Einschlüsse: Erkennungsmerkmale der Edelsteine

Kaum ein Edelstein ist so ideal gebaut, dass nicht bei starker Vergrösserung Einschlüsse und Inhomogenitäten festzustellen wären. Edelsteineinschlüsse als Wachstumserscheinungen stellen ein wichtiges Kriterium bei der Edelsteinbegutachtung dar und können über die Umstände der Bildung wie Ort, Zeit, Temperatur, chemische Umgebung, Echtheit und Unverfälschtheit wertvollen Aufschluss geben. Natürlich muss nicht jeder Edelstein die für seine Vorkommen arttypischen Gastmineralien und Strukturmerkmale auch wirklich zeigen, doch sieht man die charakteristischen Einschlüsse bei genauer Durchmusterung viel häufiger, als ein erster Blick verrät. Das Mikroskop, das man heute allgemein bei der Einschlussuntersuchung benützt, wurde schon 1909 für die Edelsteinprüfung eingesetzt, als die neu erschienenen synthetischen Verneuil-Rubine eine sichere Erkennung der natürlichen Steine nötig machten.

Der Begriff des Einschlusses wird hier umfassend verstanden und schliesst alle Inhomogenitäten ein wie Gastmineralien, Hohlräume, Flüssigkeitstropfen, Wachstumszonen, Zwillingslamellen, Schlieren, Risse. Zu den Einschlüssen zählen wir demnach auch die verbreiteten, oft

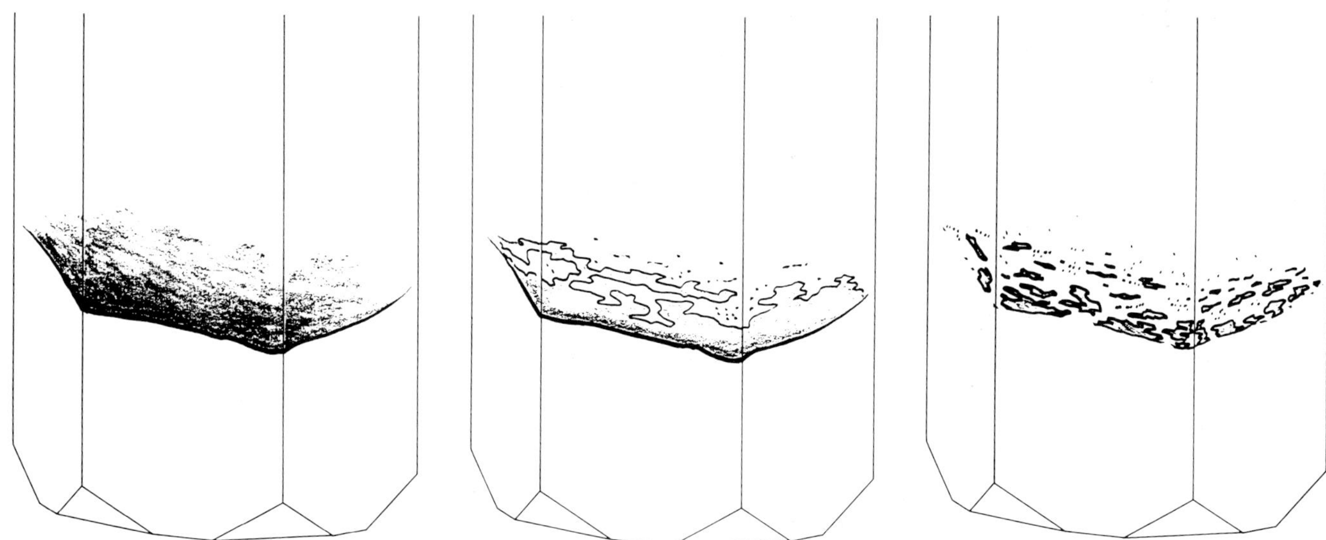

Entstehung eines Heilungsrisses, Verheilung eines Wachstumssprunges. Aquamarin aus Brasilien.

sehr typisch ausgebildeten Heilungsrisse. Das sind begrenzte, hauchdünne Sprünge, die während der Kristallbildung entstehen, sich mit umgebender Lösung füllen und später wieder mehr oder weniger verwachsen. Heilungsrisse sind charakteristische Wachstumsspuren und erscheinen im Mikroskop als «Fahnen», «Federn», «Fingerabdrücke», «Netze», «Kanäle» oder ähnliche Phantasiegebilde.

Nach dem Zeitpunkt der Entstehung unterscheiden wir verschiedene Gruppen. Einschlüsse können sich bereits vorgeformt dem wachsenden Edelstein einverleiben (protogenetische Einschlüsse; hierher alle Nebengesteinsfragmente) oder gleichzeitig mit dem wachsenden Edelstein auftreten (syngenetische Einschlüsse; hierher alle Flüssigkeitseinschlüsse) oder sich erst nachträglich im ausgewachsenen Edelstein entwickeln (epigenetische Einschlüsse; hierher alle Entmischungen). Viele Edelsteine besitzen Innenstrukturen in Form von Wolken oder Schlieren, bei denen man nicht immer genau weiss, worum es sich handelt, die sich aber als diagnostisch wertvolle empirische Hilfe für das geübte Auge erweisen. Andere Einschlüsse erscheinen zwar schärfer umgrenzt, bleiben aber für eine Identifizierung zu klein. Am meisten schätzen Wissenschafter wie Sammler die repräsentativen Einschlüsse, die an ihrer Form und Farbe leicht erkannt werden und die sich immer wieder in Farbsteinen, aber selten in Diamanten finden, da man Diamanten mit grösseren Einschlüssen von Anfang an aussortiert.

Beim Diamanten gilt IF (internally flawless, lupenrein bei zehnfacher Vergrösserung) als oberste Qualitätsklasse zusammen mit «weisser» Farbe. Bei allen andern Edelsteinen (Farbsteinen, Phänomenalsteinen) tritt die Farbe als Gütekriterium vor die Einschlussfreiheit, wenn nicht Einschlüsse und Risse den Stein optisch trüben oder mechanisch schwächen. Unscheinbare, aber typische Einschlüsse sind nicht nur kein Mangel, sondern ein untrügliches Echtheitszeichen für natürliche Herkunft und absolute Originalität. Es gibt auch bei Farbsteinen praktisch einschlussfreie Exemplare, bei häufigen Steinarten mehr, bei seltenen wie Smaragd und Rubin weniger. Solche seltenen, fehlerfreien Steine können selbst den Fachmann in Verlegenheit bringen, weil gewisse moderne Synthesen ebenfalls sehr rein und ohne verräterische Wachstumsspuren hergestellt werden. In der Regel haben aber die meisten synthetischen Steine ihrerseits charakteristische Einschlussbilder, mit denen man sich in der Praxis vertraut machen muss.

Einschlüsse für sich allein sind also keineswegs ein Zeichen natürlicher Entstehung, wie man ja auch Rubine mit orientierten Rutileinschlüssen künstlich herstellt (Sternrubine). Synthetische Smaragde können als Einschluss das Berylliumsilikat Phenakit enthalten, der in der Natur in Pegmatiten und alpinen Zerrklüften auftritt, aber nicht in natürlichem Smaragd als Einschluss. Wer viele Steine untersucht, gewinnt allmählich Erfahrung und entwickelt ein Auge für das charakteristische Aussehen der Einschlussbilder, die gleicherweise den verschiedenen Edelsteinen wie Synthesen eignen und sie unverkennbar voneinander unterscheiden.

Methoden der Einschlussuntersuchung

Mikroskopie

Das Dunkelfeld-Stereomikroskop ist wohl das wertvollste und aussagekräftigste Instrument in der Hand des praktischen Gemmologen. Unscheinbare Innenmerkmale der Edelsteine erlauben den Nachweis der Echtheit und oft die Angabe der Herkunft. Die nötige Erfahrung kann man sich nicht anders als durch das Studium am Objekt selber aneignen, da photographische Aufnahmen nur selten den optischen Eindruck am Mikroskop ersetzen. Dies gilt um so mehr, als die Synthesen immer naturähnlicher hergestellt werden und die Anforderungen an den Mikroskopiker ständig steigen. Den Sammler wird weniger die diagnostische Bedeutung als der ästhetische Reichtum der Einschlussbilder interessieren, da kostspielige Steine höchster Reinheit sowieso selten in die Hand des Amateurs gelangen.

Abgesehen von den Einschlüssen und Innenstrukturen gibt das Mikroskop auch rasch über viele weitere Eigenschaften Auskunft wie Doppelbrechung, Schliffgüte und nachträgliche Behandlung der Steine. Optische Doppelbrechung erkennt man leicht an der Verdoppelung der Kanten bei Betrachtung durch den Stein in verschiedenen Richtungen. Auf diese Weise kann man Rubin und roten Spinell ohne weiteres auseinanderhalten, ohne erst die Lichtbrechung zu bestimmen. Dunkelfeld-Beleuchtung ist ein unerlässliches Zubehör für die mikroskopische Edelsteinuntersuchung, weil die vielen Reflexe bei Beleuchtung von oben stören und den Blick ins Innere eines Steins erschweren. Beleuchtung von oben benötigt man natürlich für die Prüfung undurchsichtiger Schmucksteine und für das Studium gewisser optischer Effekte wie des Farbspiels beim Opal und des Asterismus der Sternsteine. Sehr aufschlussreich ist der Vergleich verschiedener Steine nebeneinander. So wird das unterschiedliche Polierverhalten von Diamant und Zirkonia erkennbar oder der feine Farbunterschied zwischen typischen Rubinen aus Burma und Thailand.

Die Edelsteine werden mit einer aufsteckbaren Steinklammer (Pinzette) gefasst, deren Greifer innen hohlgeschliffen und aufgerauht sind. Die Steinklammer lässt sich drehen und verschieben, so dass der betrachtete Stein in allen möglichen Orientierungen im Gesichtsfeld liegen kann. Teure Instrumente haben Zoom-Vergrösserung, doch kann man sich auch mit einer einzigen, fixen Vergrösserung begnügen, zum Beispiel zwanzigfach. Will man Steine für die Untersuchung in Flüssigkeit einbetten, so sollte man den Strahlengang horizontal stellen können. Diese Art der Betrachtung wählt man bei Verdacht auf Verneuil-Synthesen und auf diffusionsbehandelte Saphire (minderwertige Saphire, denen eine intensiv blaue Pigmenthaut eingebrannt wurde).

Röntgen-Mikroanalyse

Die Röntgen-Mikroanalyse ist mit den heutigen, weitgehend automatisierten Geräten (Mikrosonden) ein bequemes Mittel, die chemische Zusammensetzung in einem kleinen Bereich an der Oberfläche einer Probe zu bestimmen. Die Sonde dringt nicht ins Innere des Untersuchungsstückes ein, sondern analysiert nur die äusserste Schicht bis etwa einen Mikrometer tief (1 Mikrometer = 1 Tausendstelmillimeter). Man kann die Grösse der analysierten Fläche von einigen Millimetern bis auf einige Mikrometer einengen. Damit wird es möglich, kleine Edelsteineinschlüsse zu erfassen, sofern sie an der Oberfläche freiliegen. Andernfalls müssen die Steine für eine Einschlussuntersuchung angeschliffen werden. Davon abgesehen ist die Methode zerstörungsfrei, und auch Strahlungsverfärbungen sind bei der verwendeten, geringen Energiedichte nicht zu befürchten.

Das Gerät, das der Verfasser benützt, ist ein Raster-Elektronenmikroskop zur Abbildung von Oberflächen bis zu hunderttausendfacher Vergrösserung, das mit einer energiedispersiven Röntgen-Mikrosonde kombiniert ist. So können die Edelsteinoberflächen gleichzeitig chemisch analysiert und mikroskopisch betrachtet werden.

Das Prinzip der Röntgen-Mikroanalyse beruht auf der Anregung von Röntgenstrahlung durch Elektronen. Der Elektronenstrahl des Mikroskops trifft im Hochvakuum auf die Probenoberfläche und regt diese zur Aussendung von Röntgenstrahlung an. Jede Atomart, aus der die Probe zusammengesetzt ist, sendet Röntgenquanten ganz bestimmter Energie aus. Ein spezieller Halbleiterkristall (Silizium, das mit Lithium dotiert ist) wandelt in der Mikrosonde die Röntgenquanten, die von der Probe kommen, einzeln in verschieden hohe Spannungsimpulse um. Diese Impulse, die proportional zur Energie der Röntgenquanten sind, werden mehrfach verstärkt und in einem Vielkanalanalysator entsprechend der Energie eingeordnet. In dieser Weise entsteht auf einem Bildschirm das Spektrum der Röntgenenergien und ein Abbild der chemischen Zusammensetzung der Probe.

Nur chemische Elemente zwischen den Ordnungszahlen 11 (Natrium) und 92 (Uran) lassen sich bestimmen, nicht aber ganz leichte Elemente wie Beryllium, Kohlenstoff und Sauerstoff. Die Oberfläche der Probe muss im Vakuum mit einem hauchdünnen, elektrisch leitenden Film bedampft werden (meistens Kohlenstoff), damit sich die Probe durch den Elektronenstrahl nicht elektrisch auflädt und der Elektronenstrahl nicht zu wandern beginnt. Die Probe sollte nicht nur sauber, sondern auch glatt poliert oder frisch gespalten sein. Nadelige Einschlüsse brechen leicht unterhalb der Steinoberfläche aus und hinterlassen Löcher. In diesen ist eine Röntgenanregung schwierig. Zudem werden Vertiefungen beim Polieren gern mit Resten des Poliermittels verschmiert, was die Analyse verfälscht.

Viele Edelsteineinschlüsse in diesem Buch sind mit der Röntgen-Mikroanalyse bestimmt. Einige so erhaltene Ergebnisse gelangen hier erstmals an die Öffentlichkeit.

Röntgenographie: Gandolfi-Kamera

Die Röntgen-Mikroanalyse mit Hilfe der Mikrosonde genügt nicht immer, einen angeschliffenen Einschluss in einem Edelstein sicher zu identifizieren. Zum einen sind die Resultate der Mikrosonde nicht von vornherein quantitativ. Zum andern schwankt bei vielen Mineralien die Zusammensetzung wegen der Mischkristallbildung. Vor allem aber liefert die Röntgen-Mikroanalyse keine Angaben über die leichten Elemente wie Wasserstoff, Lithium, Beryllium, Bor, Kohlenstoff. Und schliesslich ist die Bestimmung polymorpher Modifikationen ausgeschlossen (Mineralien mit gleicher chemischer Zusammensetzung, aber unterschiedlicher Kristallstruktur; Beispiel: Rutil und Anatas). Alle diese Einschränkungen entfallen bei der Röntgenbeugung (Röntgendiffraktion). Auch hier benötigt man technisch aufwendige Apparaturen und Hilfseinrichtungen, die nicht jedermann zur Verfügung stehen.

Von den verschiedenen Verfahren für die röntgenographische Bestimmung unbekannter Mineralien bietet sich vor allem die Pulvermethode an. Sie beruht auf der Beugung von Röntgenstrahlung, die man durch das Mineralpulver hindurchschickt. Man verwendet einen gebündelten, genau ausgerichteten Röntgenstrahl bestimmter Wellenlänge und erhält dann die Spuren der Beugungskegel, die an der Kristallstruktur entstehen, als gebogene, linienförmige Schwärzungen auf einem Filmstreifen. Der geniale Trick bei der Gandolfi-Kamera besteht darin, dass man einen einzigen, winzigen Kristallsplitter während längerer Zeit in verschiedenen Richtungen zum belichtenden Röntgenstrahl dreht. Dabei ahmt man die Bewegung eines präzessierenden Kreisels nach, so dass auf dem Film der gleiche Effekt wie bei der Bestrahlung eines Pulvers mit statistischer Orientierung der Partikel entsteht. Die Gandolfi-Kamera liefert nach acht bis zehn Stunden Belichtungszeit ein scharfes Diffraktogramm schon von Bruchteilen eines Mikrogramms Substanz (1 Mikrogramm = 1 Millionstelgramm).

Bei monoklinen und vor allem triklinen Kristallen erfasst die Kreiselbewegung wegen der niedrigen Kristallsymmetrie nicht mehr alle Netzebenen, und die Methode wird dort unsicher. In jedem Fall muss der Edelsteineinschluss aus dem Wirt herauspräpariert werden. Im strengen Sinn ist die Gandolfi-Analysentechnik daher nicht zerstörungsfrei, wohl aber für alle praktischen Belange, da die minime Probenentnahme bei einer Grösse der analysierten Mineralkörner von weniger als einem Zehntelmillimeter kaum ins Gewicht fällt.

Die Röntgenographie versagt bei Mineralien ohne Kristallstruktur, also amorphen Substanzen. Solche sind etwa Opal und metamikter Zirkon (metamikt: durch die eigene radioaktive Strahlung strukturgestört). Sonst ist diese Methode das Identifizierungsmittel mit der grössten Trennschärfe und der vielseitigsten Anwendung. Für die Auswertung, die grosse Erfahrung verlangt, steht eine Datensammlung zur Verfügung, die JCPDF-Kartei (Joint Committee of Powder Diffraction File). Noch lange nicht bei allen Mineralien sind die Röntgenogramme und ihre Streubreiten genügend zuverlässig bekannt. Die weitverbreitete Mischkristallbildung ist nur eine der Ursachen dafür, dass sich die Beugungslinien verschieben und sich ihre Intensitäten verändern können. Vergleichsfilme erleichtern oft die Bestimmungsarbeit.

Bei den Vorbereitungen für dieses Buch hat auch die Röntgenanalyse mit der Gandolfi-Kamera vielfach Anwendung gefunden. Einzelne schwierige Bestimmungen sind hier erstmals veröffentlicht, ohne dass speziell darauf hingewiesen wird.

Schwerbewaffnete Wachtsoldaten auf der Abraumhalde eines Untertagbaus einer Smaragdmine. Chivor (Kolumbien). Photo M. L. Schäfer-Ramault.

Liste der Einschlussmineralien

Einschluss	*Edelstein (Wirtmineral)*
Albit	Aquamarin, Smaragd (Chivor), Topas
Amiant	Alexandrit (Brasilien), Demantoid, Quarz
Apatit	klein, eigengestaltig, weitverbreitet, so auch in Ceylon-Steinen: Granat, Korund, Spinell, Turmalin
Biotit (inklusiv Phlogopit)	Beryll allgemein, Chrysoberyll, Korund, Quarz, Smaragd
Calcit	Rubin (Burma), Smaragd (Muzo), Spinell, Topas
Chromit	Demantoid, Diamant, Peridot, Smaragd
Chrom-Spinell	Diamant, Peridot
Chrysotil	Smaragd (Zambia)
Diamant	Diamant
Diopsid	Diamant (hier Chrom-Diopsid), Korund

Einschluss	*Edelstein (Wirtmineral)*
Dolomit	Smaragd (Pakistan, Santa Terezinha), Spinell
Glas (vulkanisch)	Peridot (Hawaii)
Goethit	Amethyst, Apatit-Katzenauge (Tansania), Topas
Granat	Diamant, Korund
Hämatit	Iolith, Quarz, Sonnenstein, Sternsaphir (schwarz), Topas
Hornblende	Granat, Quarz, Smaragd
Ilmenit	Aquamarin (inklusiv Sternberyll), Chrysoberyll-Katzenauge (normalerweise mit Rutil), Diamant, Labrador (Madagaskar)
Lepidokrokit	Amethyst, Iolith
Magnetit	Saphir (Burma), Sterndiopsid (Indien)
Magnetkies	Diamant, Korund, Skapolith-Katzenauge, Smaragd

Einschluss	*Edelstein (Wirtmineral)*
Monazit	Granat, Topas
Niobit	Beryll, Saphir (Thailand)
Olivin	Diamant, Rubin (Burma), Spinell (Burma)
Parisit	orangebraune Kriställchen: Smaragd (Muzo)
Plagioklas	Rubin (Thailand), Saphir (Thailand)
Pyrit	unspezifischer Einschluss: Korund, Smaragd
Pyrop	Diamant
Quarz	Aquamarin, Smaragd, Topas
Rutil	teils als orientierte «Seide», teils als Einzelkristalle: Andalusit, Chrysoberyll-Katzenauge, Granat, Korund, Quarz, Sternrubin, Sternsaphir, Sternspinell
Sillimanit	Sternquarz (Sri Lanka)
Spinell	Rubin (Burma), Spinell

Einschluss	*Edelstein (Wirtmineral)*
Tantalit	Chrysoberyll
Titanit	Chrysoberyll, Rubin (Burma), Spinell
Turmalin	Quarz, Turmalin
Uraninit	Saphir (Sri Lanka)
Uran-Pyrochlor	auffallend dunkelrote Kriställchen: Saphir (Kambodscha)
Zirkon	klein, häufig in Ceylon-Steinen: Granat, Korund

Die einzelnen Edelsteine und ihre Einschlüsse

Diamant

Zwei Brillanten. Links: 4,00 ct, Farbgrad E (hochfeines Weiss). Rechts: 7,62 ct, Farbgrad H (Weiss).

Vier natürliche, unbestrahlte Farbdiamanten. Oben: 2,65 ct Rechteck, canary (gelb). Links: 1,69 ct Achteck, blau. Rechts: 1,66 ct Oval, lila. Unten: 0,95 ct Tropfen, rosa.

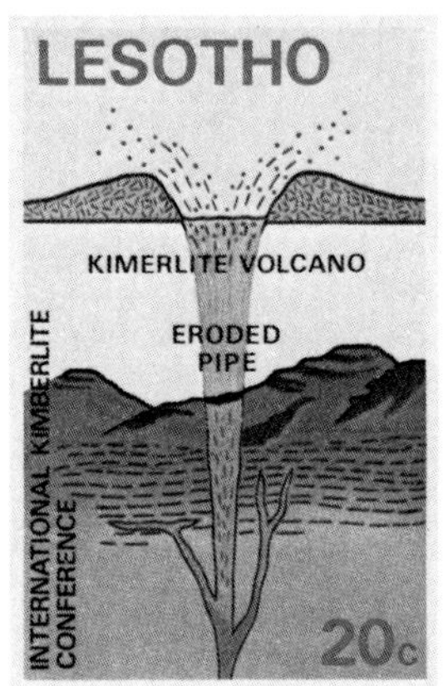

Kimberlitschlot auf einer Briefmarke. Rekonstruierte, kreidezeitliche Landschaftsform, dem jetzigen Zustand gegenübergestellt. Auf der Briefmarke steht fälschlich «Kimerlite» (statt Kimberlite).

Allgemeines

Schon 400 v. Chr. wurden Diamantkristalle mit ideal ausgebildeten Oktaederformen in Indien verehrt. In der Antike Europas hiess das Mineral adamas, der Unbesiegbare, und von diesem Wort leitet sich die heutige Bezeichnung ab. In Indien nannte man den Diamanten Bruchstück der Ewigkeit. Erst 1866 wurden weisse Siedler auf die Diamantlager Südafrikas aufmerksam, die alle früheren Vorkommen (Indien, Brasilien) weit in den Schatten stellten.

Diamant ist kubisch kristallisierter Kohlenstoff, der an der Luft oberhalb 700° verbrennt, während er im Vakuum bei 1200° langsam in Graphit zerfällt. Diamant ist das härteste Material in der Natur und der beste, alle Metalle übertreffende Wärmeleiter. Mit 3,52 g/cm^3 ist das spezifische Gewicht beträchtlich für ein Element mit so niederem Atomgewicht (12). Diamant gehört zu den Schweremineralien, die sich auf Edelsteinseifen anreichern. Physikalische Merkmale und Spurenelementgehalte erlauben eine Klassifizierung in Typ-I- und Typ-II-Diamanten. Typ-I-Diamanten umfassen 98% der natürlichen Diamanten, enthalten bis 0,2% Stickstoff und fluoreszieren schon im langwelligen Ultraviolettlicht (Typ Ia mit orientierter Stickstoffeinlagerung, Typ Ib mit ungeordneter Stickstoffverteilung). Typ-II-Diamanten sind seltener als Typ I, enthalten keinen Stickstoff und fluoreszieren im langwelligen Ultraviolettlicht nicht (Typ IIa elektrischer Isolator gleich den beiden Typ I, Typ IIb elektrischer Halbleiter). Zu Typ IIb gehören die von Natur aus blauen Diamanten.

Diamanten sind Kristallisationsprodukte des Erdmantels und in Gesteinen entstanden, die hohen Drucken und hohen Temperaturen ausgesetzt waren. Man nimmt heute Erdtiefen von 130–200 Kilometern (45 000–70 000 Atmosphären Druck) und Temperaturen zwischen 1000 und 1300° an. Normalerweise erreichen Gesteine aus diesen Tiefen niemals die Erdoberfläche, aber in gewissen geologischen Erdperioden, zum letztenmal in der Kreidezeit vor rund hundert Millionen Jahren, förderten gewaltige vulkanische Gasexplosionen Gesteinstrümmer mit Diamanten aus diesen Tiefen an die Erdoberfläche. Aus dem Zusammenvorkommen kann man folgern, dass sowohl Peridotite wie auch Eklogite als Muttergesteine der Diamanten in grossen Erdtiefen auftreten. Die heutigen Schlotfüllungen bestehen aus Kimberlit, einem brekziösen Trümmergestein, das noch einzelne Peridotit- und Eklogitbrocken (Xenolithe) in einer Diopsid-Olivin-Serpentingrundmasse führt.

Kimberlit ist der Träger, aber nicht das Muttergestein der Diamanten. Diese kommen jetzt verstreut sowohl noch in vereinzelten Xenolithen als auch frei im Kimberlit vor. Im Durchschnitt rechnet man mit einigen Zehntelkarat Diamant pro Tonne Kimberlitgestein (1 Karat = 0,2 Gramm – bei Diamanten ist Karat eine Gewichtseinheit, beim Gold dagegen ein Mass für den Feingehalt). Lange nicht alle Kimberlitschlote enthalten Diamanten. Auch einige andere Vulkangesteine kennt man ganz vereinzelt als Träger von Diamanten. Der grösste je gefundene Diamant war der Cullinan, ein formloser Klumpen von 621 Gramm und unschätzbarem Wert. Der sagenhafte Stein kam 1905 in einem Abbaustollen der Premier Mine bei Pretoria zum Vorschein.

Vier wesentliche Aspekte der Diamantentstehung sind nicht eindeutig geklärt: Ist Diamant aus einem verflüssigten Gestein auskristallisiert oder aus dem festen Zustand durch Diffusion? War der Kohlenstoff als elementarer Kohlenstoff gelöst, oder erfolgte eine Umwandlung aus Methan, möglicherweise aus Kohlenmonoxid? Hätte Diamant bei der Abkühlung und Druckentlastung nicht in Graphit zerfallen sollen, oder erfolgte der Aufstieg unvorstellbar rasch? Ist Diamant in seinem stabilen Druckbereich gebildet worden oder möglicherweise metastabil bei geringerem Druck? Zur Klärung solcher Fragen müsste der Wissenschaft vermehrt Hand zu freien Untersuchungen auf den Diamantminen geboten werden, wozu der grösste Trust der Welt nur wenig Anstalten trifft.

Bewertung

Als allgemeiner Bewertungsmassstab haben sich die vier «C» herausgebildet: Reinheit (clarity), Farbe (colour), Schliff (cut) und Gewicht (carat). Ein brillantgeschliffener Diamant von einem Karat (1 ct = 0,2 g) hat einen weitesten Durchmesser (Rundistendurchmesser) von 6,5 Millimeter. Ein Hundertstelkarat heisst ein Punkt. Es gibt wenig Diamanten, die auch bei stärkster Vergrösserung völlig rein und frei von Einschlüssen, Rissen oder Wachstumsstörungen erscheinen. Daher hat man als Standardmass für die Reinheitsbewertung die zehnfache Lupenvergrösserung eingeführt, und lupenreine Steine werden IF (internally flawless) genannt.

Ein gleich wichtiger Faktor ist die Farbe, die man meistens visuell anhand einer Farbmuster-Vergleichsserie bestimmt. Am höchsten in der Wertschätzung steht absolutes «Weiss» (hochfeines Weiss, River, D). Das Spektrum solcher Spitzendiamanten lässt im Gegensatz zu allen anderen Farbklassen keine Absorptionslinien mehr erkennen. Rosafarbene, blaue, grüne und sattgelbe Diamanten heissen auf englisch fancy-coloured. Wenn die Farbe attraktiv, ungewöhnlich und nicht durch Bestrahlung künstlich erzeugt, sondern natürlich ist, erzielen solche Diamanten Preise weit über denen farbloser Steine. Behandlung von Naturdiamanten (meist billigen, getönten, Cape) mit Neutronen- oder weniger häufig Elektronenstrahlung erkennt man meist an Veränderungen des optischen Absorptionsspektrums; aber eine Entscheidung ist nicht immer einfach. Strahlenbehandlung gilt als unbedingt deklarationspflichtige Veränderung eines natürlichen Steins, da eine künstlich erzeugte Farbe niedriger bewertet wird als die gleiche Farbe an einem naturbelassenen Diamanten.

Die meistgeschätzte Schliffart ist der Brillantschliff, ein oben abgeflachter, unten spitzer Rundschliff mit 57 Facetten. Diamanten mit diesem Schliff heissen auch einfach Brillanten. Diamant wird mit Diamant geschliffen, wobei der Schleifer die Tatsache berücksichtigt, dass die Härte von der Richtung auf dem Kristall abhängig ist. Den grössten Widerstand setzen der mechanischen Beanspruchung die Oktaederflächen entgegen (dichteste Atom-Netzebenen, zugleich Spaltflächen). Durch Optimierung der Winkelverhältnisse hat man eine Schlifform erhalten, die ein Maximum an Feuer und Brillanz garantiert (praktischer Feinschliff, Grundlage der Schliffgraduierung). Bei unregelmässigen Wuchsformen der Rohsteine wählt man auch andere Schliffarten, wie Oval-, Antik-, Treppenschliff, Navette (Marquise) oder Tropfenform.

Hauptvorkommen

Die wichtigsten Produzenten von Schmuckdiamanten sind Südafrika, Namibia, Tansania, Westjakutien (Sibirien) und die Kimberley-Region (nördliches Westaustralien). Namibia birgt an der Atlantikküste reiche Seifenlagerstätten. Während die südafrikanischen Diamantkristalle vielfach gerundet und angeätzt sind, gibt es auch völlig scharfe Oktaeder, etwa aus Sibirien. Auf der ganzen Welt werden jährlich rund acht Tonnen Naturdiamanten gewonnen, davon sind zwei Tonnen Schmuckdiamanten (Zahlen von 1980), wobei das Verhältnis Industrie- zu Schmuckdiamanten von Mine zu Mine variiert. Aus künstlicher Erzeugung kommen noch etwa vierzehn Tonnen Industriediamanten hinzu.

Einschlüsse

Einschlussführende Diamanten werden piquiert genannt. Viel seltener als in Farbsteinen findet man in Schmuckdiamanten grosse exemplarische Einschlüsse von Gastmineralien, da solche Steine kaum verschliffen werden. Viel häufiger sind ganz kleine Einschlüsse, einzelne punktförmige Stäubchen, Trübungen, Wolken, Wachstumslinien, Zwillingsebenen, Spannungsrisse oder Einschlüsse von anderen Diamanten, die der Wirtdiamant meist ohne gesetzmässige Orientierung zufällig umwachsen hat. Brillanten mit schönen Einschlüssen erhält man nur sehr schwer im Handel, selbst wenn man die gleichen Preise wie für reine Steine zu bezahlen bereit wäre.

Die verschiedenen Einschlussmineralien in den Diamanten stimmen chemisch mit den Gemengteilen entweder der peridotitischen oder der eklogitischen Muttergesteine überein und bilden zwei Gruppen, die nie gleichzeitig im gleichen Diamanten auftreten. Die peridotitische Abfolge enthält chromhaltige Mineralien, während in der eklogitischen Abfolge das Chrom weitgehend fehlt. Zur peridotitischen Reihe zählen: Olivin (oft säulig), Chrom-Pyrop (tiefrot, bis zur Hälfte aus Knorringit $Mg_3Cr_2Si_3O_{12}$ bestehend), Enstatit (sehr ähnlich Olivin), Chrom-Omphacit (grün, eisenarm, bis zu einem Drittel aus Jadeit $NaAlSi_2O_6$ bestehend, mit ein paar Prozent Cr_2O_3) und Chromit (Magnesiochromit). Zur eklogitischen, chromfreien Reihe gehören: ebenfalls Olivin, Almandin-Pyrop, Omphacit (eisenhaltig, bis zu einem Drittel aus Jadeit bestehend), Coesit (Hochdruckform von SiO_2), Rutil, Ilmenit, Disthen und Sanidin.

Olivin, Pyroxen (Enstatit, Omphacit), Granat (Pyrop) und Diamant sind offenbar syngenetisch, das heisst gleichzeitig miteinander entstanden. Dennoch haben die Einschlüsse oft die Form negativer Diamantkristalle, sind also nicht idiomorph (eigengestaltig), sondern tragen eine aufgezwungene Diamanttracht. Durch den zusätzlichen Druck bilden sich bisweilen Spannungsrisse, die von den Einschlüssen ausstrahlen. Als hochseltenes

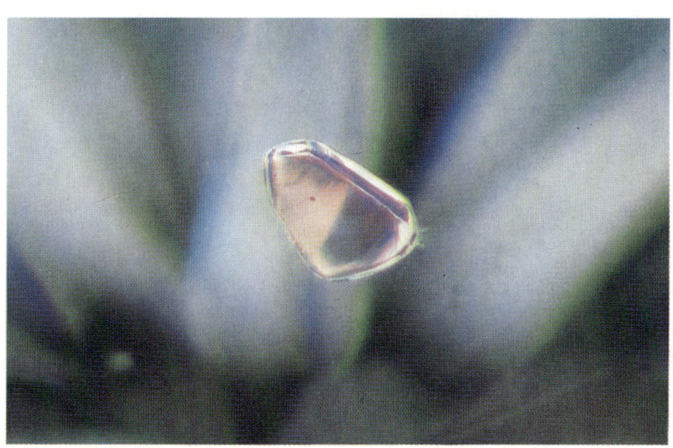

Diamant. Kein Fundort. Einschluss von rubinrotem Chrom-Pyrop. 100×.

Diamant. Kein Fundort. Zwei Kristalleinschlüsse von Olivin. 25×.

Diamant. Kein Fundort. Einschluss von Diamant in einem grösseren Diamantkristall. 70×.

Diamant. Kein Fundort. Unbekannter Einschluss in Form einer «Sternwolke». 25×.

Gastmineral der eklogitischen (sonst chromfreien) Reihe ist ein Rubin mit einem Prozent Chromoxid nachgewiesen worden; dennoch wird es sich bei historischen Berichten über Rubin im Diamanten eher um den ebenfalls roten Chrom-Pyrop gehandelt haben. Magnetkies erscheint in beiden Abfolgen. Olivin kann orientiert eingelagert sein und hat dann seine Basis parallel einer der Oktaederflächen des Diamanten. Die Längserstreckung der Olivinsäulchen verläuft parallel zu einer der Oktaederkanten, wobei aber Längsrichtung und kristallographische a-Achse des Olivins nicht zusammenfallen, sondern einen Winkel von 38,5° miteinander bilden. Diese Verzerrung wird dem Olivin durch den wachsenden Diamanten aufgezwungen.

Synthesen

Die künstliche Diamantherstellung ist möglicherweise im Laboratorium seit Ende letzten Jahrhunderts bereits mehrmals geglückt, doch zollt man erst den 1955 publizierten Versuchen der General Electric Company (USA) offizielle Anerkennung. Heute werden Diamanten für Industriezwecke weltweit synthetisch erzeugt (USA, Schweden, Südafrika, Japan, UdSSR). Man hat auch Schmuckdiamanten in Karatgrösse hergestellt und angeblich schon in den Handel geschmuggelt. Solche Machenschaften werden zu «Testzwecken» immer wieder mit neuen Synthesen versucht. Die Gestehungskosten künstlicher Schmuckdiamanten liegen noch über denen natürlicher. Synthetische General-Electric-Steine wurden in den USA näher untersucht, und man fand keine Fluoreszenz im langwelligen Ultraviolettlicht, was für Typ-II-Diamanten spricht. Die farblosen und blauen General Electric erwiesen sich als halbleitend (Typ IIb), die gelben jedoch nicht. Das auffallendste Merkmal, bei Vorhandensein ein untrügliches Erkennungszeichen, waren plättchenförmige Metalleinschlüsse in einigen der Steine. Noch ahnt man kaum die Probleme, die sich dem Edelsteinhandel stellen, wenn synthetische Diamanten die natürlichen konkurrenzieren.

Viel wichtiger als Synthesen sind heute noch Imitationen, allen voran die kubische Zirkonia (englisch: cubic zirconia, CZ), chemisch ZrO_2 mit wesentlichen Anteilen von Yttriumoxid Y_2O_3 oder anderen Oxiden in fester Lösung. Ohne diesen Zusatz würde nämlich ZrO_2 beim Abkühlen in ein Gemenge einer monoklinen Modifikation zerfallen, aber mit dem Stabilisator unterbleibt eine Umwandlung der kubischen Hochtemperaturform. CZ wird auch in allen möglichen Phantasiefarben erzeugt. Betrachtet man CZ neben Diamant im Dunkelfeld-Mikroskop, so fällt CZ durch höhere Dispersion (0,06 gegen 0,044 beim Diamanten) und weniger gutes Polierverhalten ab. Dispersion bezieht sich auf die Farbzerlegung des weissen Lichtes; das Feuer ist also bei CZ noch ausgeprägter als beim Diamanten. Leichter gelingt die Unterscheidung mit dem Diamond Tester, der die extrem hohe, von keinem anderen Material erreichte Wärmeleitfähigkeit des Diamanten misst. Die jährliche Produktion von CZ übersteigt diejenige von Schmuckdiamanten um ein Mehrfaches.

Korund: Rubin

Drei Rubine und ein Spinell. Oben: Rubin 7,65 ct aus Thailand. Links: roter Spinell 4,78 ct aus Burma. Unten Mitte: Rubin 1,56 ct aus Burma. Unten rechts: Rubin 1,04 ct aus Burma.

Allgemeines

In Indien genoss Rubin seit alters eine seltene Hochschätzung. Ab und zu kommen heute aus den fürstlichen Schatzkammern aussergewöhnliche Rubine wieder auf den Markt. Dieser begehrte und seltene Edelstein, der im Preis mit Diamant wetteifert, hat nichts von seiner Faszination eingebüsst, obwohl es gelungen ist, in den Eigenschaften völlig ebenbürtige Steine künstlich nachzumachen. Die letzteren sind allerdings gemmologisch wertlose Duplikate, denen der Stempel eines naturgewachsenen Originals von vornherein mangelt. Der Name Rubin leitet sich vom lateinischen ruber (rot) ab. Die höchstgeschätzten Steine haben eine «taubenblutrote» Farbe, was dem Uneingeweihten noch nicht viel sagt. Es ist ein sattes Karminrot, das in bestimmten Richtungen nach Purpurn wechselt (Dichroismus). Unter den natürlichen Rubinen zeigen fast nur die allerfeinsten burmesischen Steine und noch sehr selten solche von Hunza (Pakistan) diese Farbe, was den hohen Preis erklärt. Demgegenüber ist das begehrte Rot bei manchen Synthesen verblüffend gut nachgeahmt. Ein reines, tiefes Rot, manchmal mit einem Stich nach Purpurn, kommt auch bei burmesischen Spinellen vor, ohne dass die schönen Steine auch nur entfernt im Preis mit Rubin mithalten könnten. Früher war es anders, als man die beiden Mineralien nicht unterschied.

Chemisch ist Rubin kristallisiertes Aluminiumoxid und wie aller Korund ein metamorphes Mineral, das in Marmoren (metamorphen, umkristallisierten Kalksteinen und Dolomiten), aber auch in tonerdereichen Silikatgesteinen wie Zoisitschiefern (Tansania) vorkommt. Das farbgebende Element ist Chrom in Gehalten bis ein, zwei Prozent Cr_2O_3. Die grosse Seltenheit feiner Rubine erklärt sich aus dem sehr ungewöhnlichen Zusammentreffen verschiedener Bildungsbedingungen. Einmal ist durchsichtiger Korund in der Natur an sich nicht häufig. Dann braucht es zur Entstehung der rubinroten Farbe genügend Chrom bei weitgehender Abwesenheit von Eisen. Chrom ist ein chemisches Element, das mit Serpentiniten und Olivingesteinen (Duniten) vorkommt, aber nie mit Kalksteinen, denen es bei der Rubinentstehung von aussen zugeführt wird. Grössere Mengen Eisen verwischen den typischen Purpurton des Rubins zugunsten eines viel weniger beliebten Braunstiches wie bei vielen Rubinen aus Thailand. Korund ist nach Diamant das zweithärteste Mineral und lässt sich hervorragend polieren. Strenggenommen heissen nur die tiefroten, chromhaltigen Steine Rubin; schwachrote, helle bezeichnet man als rosa Saphir, violette als Purpursaphir.

Hauptvorkommen

Ausser im Süden Kenias und im Hunzatal (Pakistan) sind alle wichtigen Lagerstätten alluvial, also umgelagert. Das Vorkommen der feinsten Rubine ist die weitere Umgebung von Mogok (Oberburma), wo mindestens seit dem späten Mittelalter Rubine gesammelt werden. Diese abgelegene Gegend ist für Aussenstehende militärisch gesperrt, und der schwache Handel geschieht über die alljährliche Auktion (Gem Emporium in Rangoon) und noch mehr über Schmuggelwege nach Bangkok. Die

Rubin. Sri Lanka. Ausgeprägter Zonarbau (Anwachsschichten). 50×.

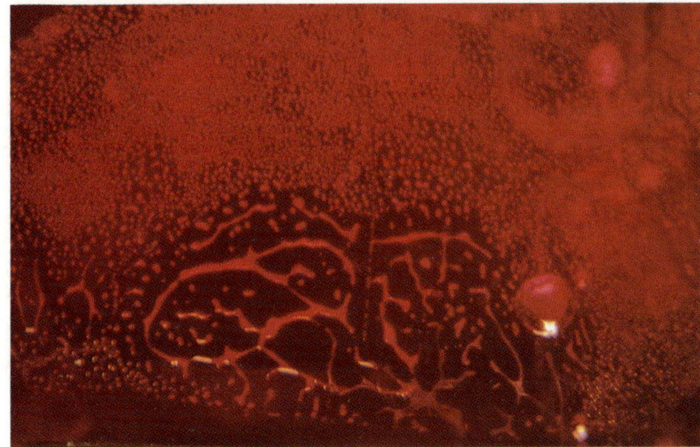

Rubin. Thailand. Typischer Heilungsriss («Fahne») neben Magnetkieseinschluss (täuschend ähnliche «Fahnen» auch in synthetischen Rubinen). 50×.

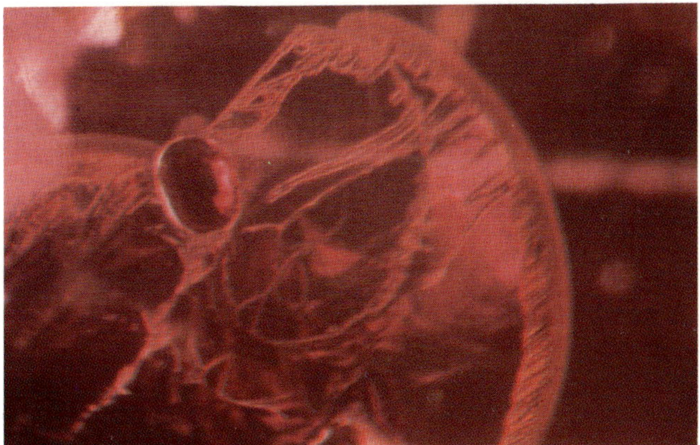

Rubin. Thailand. Eingeschlossener Granatkristall, von Spannungshof umgeben. 90×.

Muttergesteine der feinen burmesischen Rubine sind Marmorzüge in hochmetamorphen, granitisierten Gneisen. Bei der Verwitterung haben sich die Rubine im lehmigen, verschwemmten Abtragungsrückstand angereichert, der heute wieder wie vor dem Abbau durch die Engländer (1889–1929) über primitive Fördergruben von Tiefen bis zu dreissig Metern gefördert wird. Der wichtigste Begleiter des Rubins ist Spinell. Der ebenfalls begehrte Saphir von Mogok stammt nicht aus den gleichen Seifen, und der Peridot wird aus einem anstehenden Serpentinit gewonnen.

Handelsmässig wichtiger sind heute die Rubinvorkommen in der Provinz Chanthaburi (Südostthailand), wo allerdings ein grosser Teil der Steine von der idealen Farbe abweicht und entweder bräunlichrot oder violettrot ist. In Thailand praktiziert man seit geraumem das Brennen der Rubine, durch das die Farbe gewinnt und eine störende Fleckigkeit verschwindet. Gebrannte Steine verraten sich ab und zu durch Spannungshöfe und geschmolzene Einschlüsse. Selten liefert einmal Ratnapura (Sri Lanka) tiefroten Rubin, noch viel seltener Ostafrika.

Einschlüsse

Die wichtigsten Innenstrukturen sind Spannungsrisse, «Schleier», «Fahnen» mit netzartiger, unregelmässiger Zeichnung, Wachstumszonen und Zwillingslamellen. Das wichtigste Einschlussmineral ist Rutil als feines, regelmässiges Netzwerk («Seide») oder als Einzelkristall. Ob Entmischung oder gleichzeitiges Wachstum oder das eine wie das andere vorliegt, ist nicht geklärt.

Die Rubine von Mogok enthalten im typischen Fall feinste, auf Nester begrenzte Rutil-«Seide» sowie Calcit, der nur in Rubinen von Burma als Einschluss auftritt. Durch hauchdünne, trigonal angeordnete Rutilhaare erweist sich ein «taubenblutroter» Rubin untrüglich als naturgewachsen und burmesisch. Farbschlieren und schienenähnliche Spuren von Zwillingslamellen sind ebenso bezeichnend wie die weiteren Gastmineralien Titanit, Rutil in Einzelkristallen, Spinell, Apatit, Phlogopit und Magnetkies. Demgegenüber zeigen Rubine aus Thailand etwas eintönigere Innenparagenesen. Rutil und «Seide» werden selten gefunden, wohl aber können die Kanten der verbreiteten Zwillingslamellen feine Rutil-

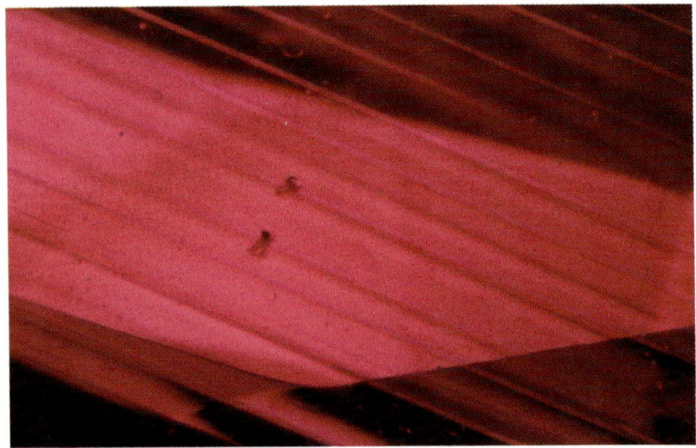

Rubin. Burma. Polysynthetische (wiederholte) Verzwillingung in schmalen Lamellen. 60×.

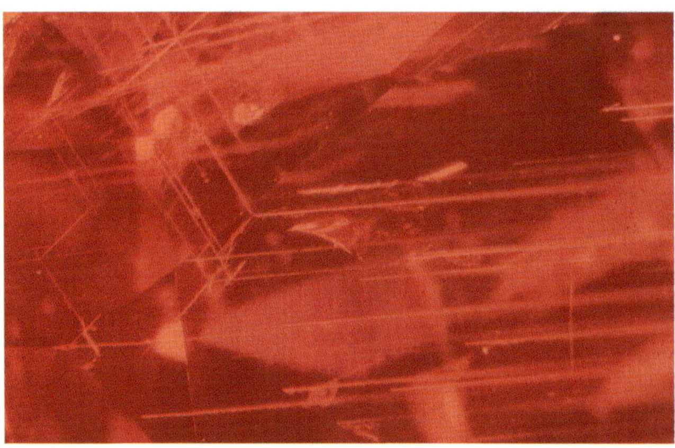

Rubin. Thailand. Helle Kantenspuren polysynthetischer (sich wiederholender) Zwillingslamellen. 90×.

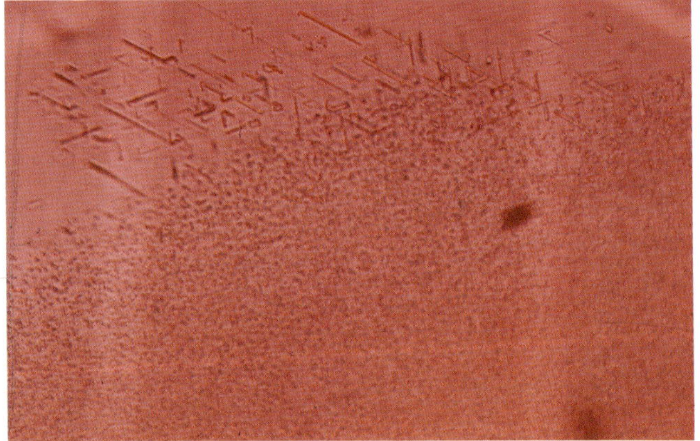

Rubin. Burma. Rutil als Staubwolke neben einzelnen Rutilnädelchen. 60×.

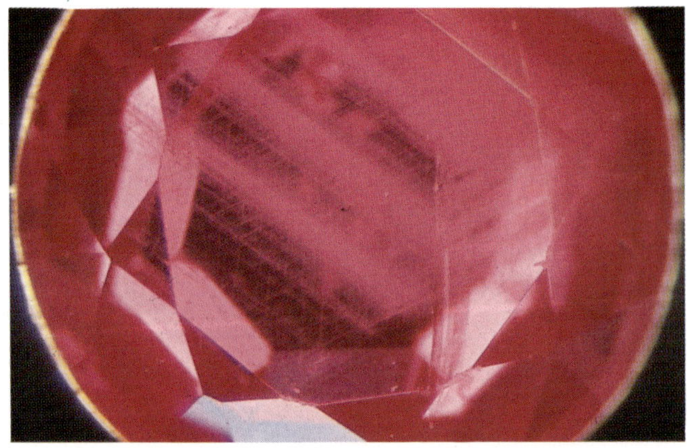

Rubin. Burma. Kurzfaserige Rutil-«Seide», in parallelen Zonen angereichert. 25×.

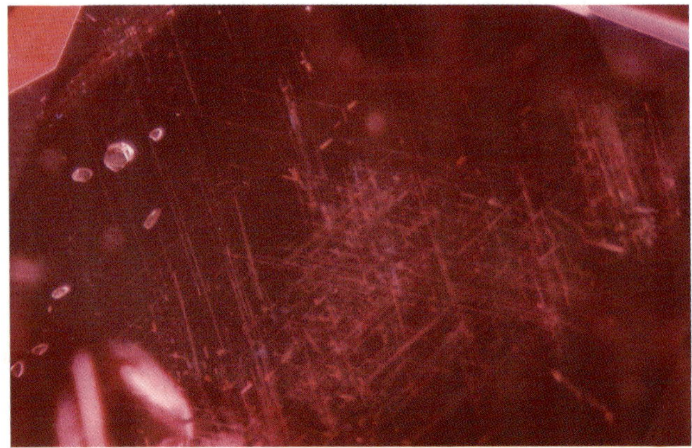

Rubin. Burma. Nest aus Rutil-«Seide» neben winzigen Calciteinschlüssen. 60×.

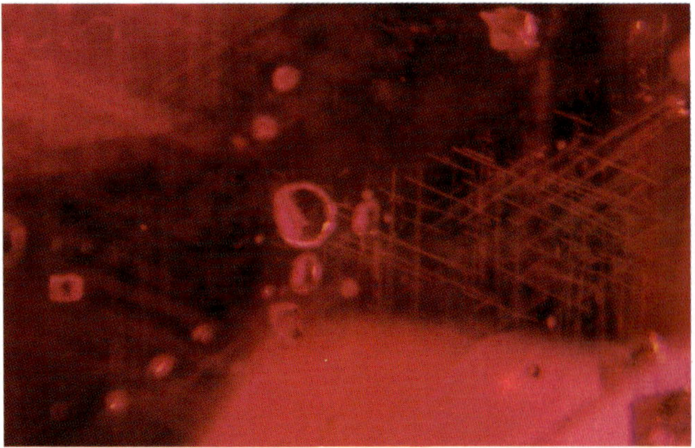

Rubin. Burma. Feine Rutil-«Seide» neben Calciteinschlüssen. 150×.

Synthetischer Rubin. Verneuil. Feine, gebogene Zuwachsstreifen und einzelne Gasblasen. 50×.

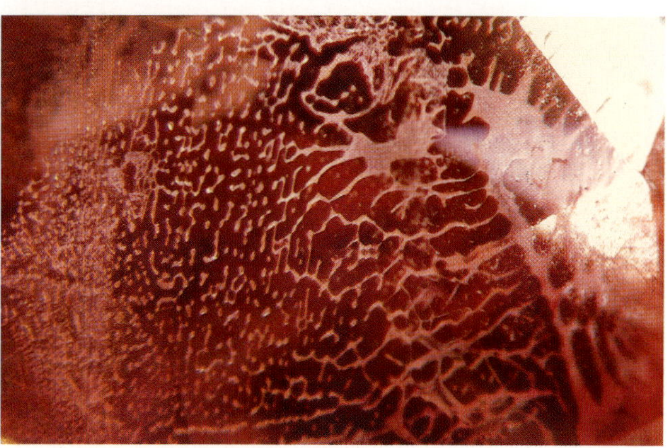

Synthetischer Rubin. Chatham. «Fahne» aus fetzenartigen Schmelzresten (Flüssigkeits-«Fahne» in einem natürlichen Rubin vortäuschend). 70×.

Synthetischer Rubin. Kashan. Hauchfeine, unbekannte Einschlüsse in Form von «Haarnadeln» (eindeutiges Kennzeichen dieser Synthese). 80×.

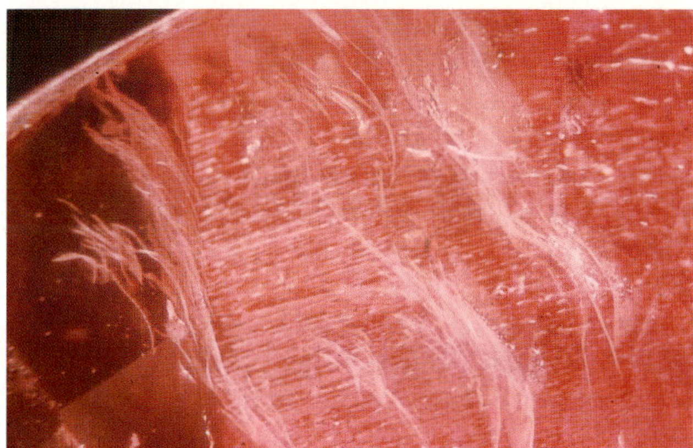

Synthetischer Rubin. Kashan. «Fahne» aus wischartigen Schleiern neben parallelen Schmelzrückständen (eindeutiges Kennzeichen dieser Synthese). 50×.

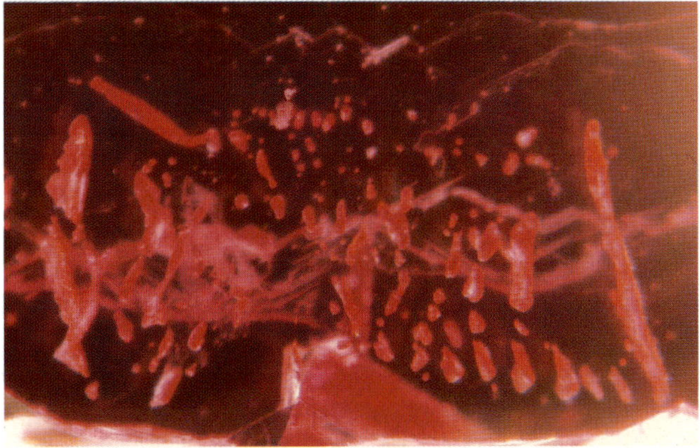

Synthetischer Rubin. Ramaura. Grobe Schmelzreste (Reste des Flussmittels). 30×.

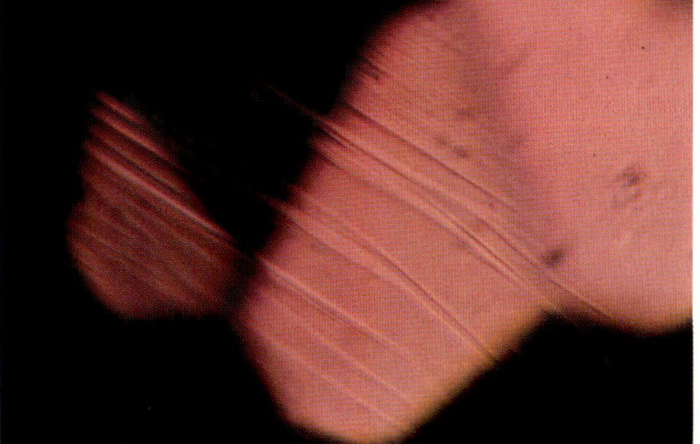

Synthetischer Rubin. Ramaura. Spindelförmige Farbschlieren (sehr ähnlich den Schlieren in burmesischen Rubinen). 130×.

haare vortäuschen. Sehr charakteristisch für thailändische Rubine sind Flüssigkeitsfilme (entlang von Heilungsrissen) und Spannungshöfe rund um Einschlüsse aus Apatit, Granat und Magnetkies.

Die meist hellen Rubine von Sri Lanka weisen lockere «Seide» aus vergleichsweise langgezogenen, den ganzen Stein durchquerenden Rutilfasern auf. Verbreitet findet man Einschlüsse von Biotit, Magnetkies und Pyrit (die beiden letzteren nie zusammen), ferner Zirkon (oft von Spannungsrissen umgeben). Die afrikanischen Rubine enthalten keine Rutil-«Seide», aber charakteristische, fransenartige Verwachsungen, die senkrecht von den Zwillingslamellen abstehen, sowie Apatit und Magnetkies.

Die Einschlüsse im Rubin sind lange nicht alle lokaltypisch, und es wird in offiziellen Edelsteinzertifikaten meist auf eine Angabe des Ursprungslandes verzichtet, weil eine solche nicht immer sicher ist. Die Bezeichnungen «Burma-Rubin», «Siam-Rubin» und «Sri-Lanka-Rubin» sind zweideutig, indem sie Herkunft und Beschaffenheit vermengen, zwischen denen kein strenger Zusammenhang besteht. Auch in Thailand (Siam) gibt es hochfeine Rubine von Burma-Qualität, und lange nicht jeder burmesische Rubin hat das ideale «Burmarot».

Synthesen

Die hohen Preise natürlicher Rubine und die Leichtigkeit, mit welcher künstlicher Korund kristallisiert, waren der Anreiz zu immer grösseren Anstrengungen, Rubine im Labor rein und so naturähnlich wie möglich herzustellen. Dies ist weitgehend gelungen, und gelegentlich sind künstliche Rubine so arm an spezifischen Innenstrukturen, dass sie sich praktisch nicht mehr von einschlussfreien Natursteinen unterscheiden. Betrüger nützen dies weidlich aus und mischen synthetische Rubine abgerollt unter das natürliche Rohgut und geschliffen unter die verarbeiteten Natursteine. Das Erstaunliche ist, dass trotz der ganz anderen Umgebung, in der die synthetischen Rubine gewachsen sind, eine sehr weitgehende Ähnlichkeit mit Rubinen aus Naturvorkommen besteht.

In der Regel fehlt synthetischen Rubinen die mehrfache Verzwillingung (wiederholte Verzwillingung dünner Tafeln, polysynthetische Verzwillingung), während natürliche Rubine häufig (aber auch nicht immer) eingeschaltete Zwillingslamellen aufweisen, die sich im Mikroskop als feine Inhomogenitäten schräg zu den Facettenkanten abheben. In synthetischen Korunden tritt manchmal bei Betrachtung genau längs der optischen Achse eine ganz schwache, trigonale Gitterung in Erscheinung. Bei diesem Plato-Sandmeier-Effekt handelt es sich möglicherweise um eine Zwillingsbildung der im Vergleich zum Naturvorkommen viel schneller gewachsenen künstlichen Kristalle. Für die Beobachtung der Platolinien verwendet man polarisiertes Licht und gekreuzte Polarisatoren, ferner taucht man den Stein am besten in eine Flüssigkeit.

Das wichtigste und verbreitetste Syntheseverfahren für Korund ist das nach Verneuil, das eine Knallgasflamme benützt und 1902 die ersten synthetischen Rubine lieferte (Flammenschmelz-Verfahren). Verneuil-

Rubine verraten sich durch die gebogenen Zuwachsstreifen, die aber bei der heutigen, verbesserten Technik hauchdünn und kaum mehr sichtbar sind, manchmal überhaupt erst beim Eintauchen in eine hochlichtbrechende Flüssigkeit hervortreten. Die Farbe der Verneuil-Rubine kommt an das beste «Taubenblutrot» heran. Da diese Steine billig sind, werden sie meist auch billig geschliffen (mit Schleifautomaten), was ihre Herkunft verraten kann. Die leicht erkennbaren Verneuil-Synthesen treten heute gegenüber moderneren, naturähnlicheren Kunstprodukten etwas in den Hintergrund.

Neuere Synthesen züchten die Kristalle aus einem Flussmittel, in welchem das Aluminiumoxid löslich ist, ohne dass man bis zum Schmelzpunkt von Korund (2045°) erhitzen muss (Schmelzfluss-Verfahren). Am bekanntesten sind Chatham, Kashan, Knischka und neuerdings Ramaura. Kashan-Rubine haben gern einen Stich ins Bräunliche. Sie werden in einer Kryolithschmelze (Na_3AlF_6) gezüchtet. Unverkennbare Herkunftszeichen von Kashan sind parallele, zarte, nebelartige Striemen sowie feine Linien, die einen spitzen Winkel bilden («Haarnadel»-Linien). Bei Knischka- und Chatham-Synthesen findet man sechsseitige Metalltäfelchen (Tiegelmaterial) eingeschlossen. Besonders schwierig sind einzelne der neuen Ramaura-Rubine zu erkennen, die in einer Bleioxid-Wismutoxid-Schmelze gezüchtet werden. Die Firma gedenkt, die Steine mit Spuren von Seltenen Erden zu versetzen, wodurch dann diese synthetischen Rubine im Ultraviolettlicht charakteristisch fluoreszieren und ihre Herkunft anzeigen sollen.

Allen Schmelzfluss-Synthesen ist gemeinsam, dass wischartige «Fahnen» und «Schlieren», «Fingerabdrücke», aneinandergereihte Tröpfchen und Fetzen von Schmelzresten auftreten können, die nicht selten den Heilungsrissen in natürlichen Rubinen zum Verwechseln gleichen. Die Zuwachsstreifen sind gerade und nicht von den Zonarstrukturen natürlicher Rubine zu unterscheiden. Dagegen ist das Vorhandensein von «Seide» immer ein untrügliches Merkmal für natürliche Herkunft, während Schmelzreste, sofern sie erkannt werden, künstliche Herstellung verraten. Schmelzreste zeigen oft gröbere und einförmigere Strukturen als Heilungsrisse in natürlich gewachsenen Kristallen.

Ein absolut verlässliches Unterscheidungsmerkmal zwischen natürlichem und synthetischem Rubin ist weder die Fluoreszenz noch das Absorptionsspektrum. Auch sind nicht alle natürlichen Rubine für kurzwelliges Ultraviolettlicht undurchlässig, so wenig wie alle Synthesen es durchlassen. Es gibt überhaupt kein diagnostisches Einzelkriterium, das für sich allein eine sichere Unterscheidung erlaubt, und nach wie vor kommt dem mikroskopischen Einschlussbild grösste Bedeutung zu. Während Steine mit den typischen Kennzeichen leicht zu beurteilen sind, ist doch der seltene Fall denkbar, dass einmal bei einem ganz reinen Rubin weder Erfahrung noch Messung weiterhelfen.

Drei Saphire und ein Spinell, alle aus Sri Lanka. Links: Purpursaphir 6,95 ct. Oben: blauer Spinell 5,42 ct. Unten: Saphir 4,90 ct. Rechts: Saphir 3,56 ct.

Vier naturfarbene Saphire. Oben: rosa Saphir 6,66 ct aus Sri Lanka. Links: gelber Saphir 3,46 ct aus Thailand. Mitte rechts: Padparadscha 9,05 ct aus Sri Lanka. Rechts: orange Saphir 6,36 ct aus Sri Lanka.

Allgemeines

Saphir umfasst alle Edelkorunde ausser dem viel selteneren und höher bewerteten Rubin. Eigentliche Saphire sind blau, die anderen Arten werden nach der Farbe bezeichnet (Beispiel: rosa Saphir). Orange Saphire mit einem Wechsel nach Rosa (ähnlich gewissen Topasen) heissen Padparadscha (Farbe der Lotusblüte). Am teuersten sind die blauen Saphire. Wegen des hohen Handelswertes der blauen Saphire werden häufig auch weniger reine Qualitäten verschliffen, so dass man hier regelmässig Einschlüsse findet. Dies trifft weniger für die billigeren, gelben, orange, rosa und allgemein helleren Steine zu, wo auch die Einschlüsse störender in Erscheinung träten.

Saphir leitet seinen Namen von der griechischen Bezeichnung für blau ab. Die intensiv blaue Farbe, die unter den bekannteren Edelsteinen hauptsächlich noch vom Spinell und dem weit weniger harten Tansanit erreicht wird, kommt beim Saphir durch Beigaben von Titan und Eisen zustande. Da es gelingt, milchigen Saphiren durch reduzierendes Brennen ein schönes Blau zu verleihen, wird die Annahme bekräftigt, dass Titan im blauen Saphir dreiwertig vorliegt. Beim Brennen wird offenbar vierwertiges (nicht färbendes) Titan zu dreiwertigem reduziert, wobei das Eisen die freiwerdende Valenz übernimmt. Rosa Saphire enthalten Spuren von Chrom, aber zu wenig, um im satten Rubinrot burmesischer Steine zu erscheinen. Saphire sind wegen ihrer Härte, ihres guten Polierverhaltens und ihrer Lebhaftigkeit sehr begehrte Edelsteine. Da man sie im Laboratorium künstlich herstellen kann, ist wie beim Rubin grosse Vorsicht geboten.

Hauptvorkommen

Die Vorkommen sind praktisch alle alluvial, also durch Verwitterung des Muttergesteins angereichert, ausser in Montana (USA) und auf der wenig bekannten Lagerstätte der äusserst seltenen, «kornblumenblauen» Kaschmir-Saphire. Die wichtigsten Saphirproduzenten sind Ratnapura (Sri Lanka), Bo Ploi (Westthailand), Pailin (Westkambodscha), Anakie bei Emerald (Queensland/Australien), Inverell (New South Wales/Australien), Mogok (Burma) und Yogo Gulch (Montana/USA).

In Sri Lanka gelten metamorphe Kalke als Muttergestein. Hier kommen alle Korundfarben vor. Über Burma gibt es wenig Angaben, und die Saphire von Mogok scheinen nicht dasselbe Ursprungsgestein wie die Rubine zu haben, kommen doch auch nicht beide in den gleichen Seifen vor. Ein feines Blau ist ebenfalls den Pailin-Saphiren eigen, viel seltener jedoch den australischen, die oft schlechte und wenig attraktive Farben aufweisen (grünlich, tintenblau, schwarz). Australische Saphire werden in grossem Umfang in Thailand durch Brennen «verbessert» und als thailändische Steine gehandelt. Das Vorkommen in Kaschmir (Indien) wurde 1881 hoch oben im Zanskar-Gebirge entdeckt und hat keinen geregelten Abbau. Nur ganz vereinzelt sieht man von dort die begehrten «kornblumenblauen» Saphire mit dem samtigen Glanz, der durch eine hauchfeine, nebelartige Trübung unbekannter Natur hervorgerufen wird.

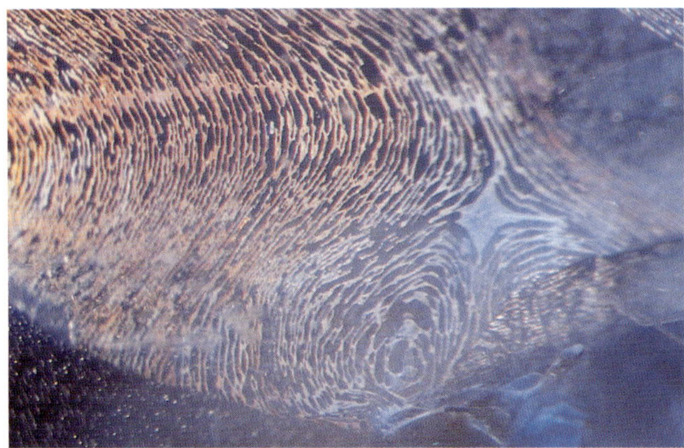

Saphir. Sri Lanka. Heilungsriss in Form eines «Fingerabdrucks». 80×.

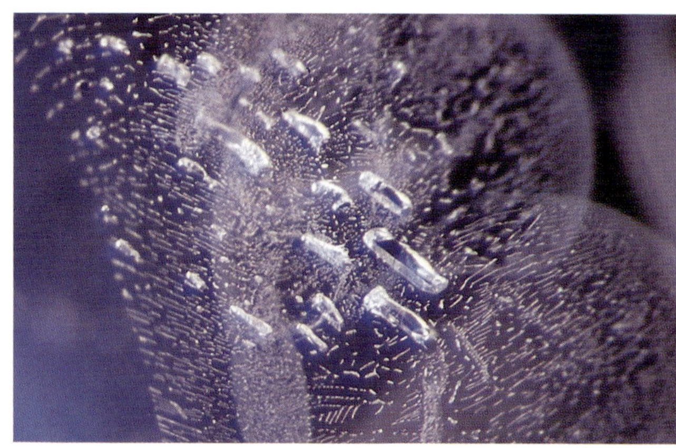

Saphir. Sri Lanka. Negative Kristalle (Hohlformen) mit dem tonnenförmigen Korundhabitus inmitten eines Heilungsrisses. 60×.

Saphir. Sri Lanka. Rutil-«Seide», locker und langfaserig. 80×.

Saphir. Sri Lanka. Orientierte Rutileinschlüsse, einige mit einspringenden Winkeln (Verzwillingung). 120×.

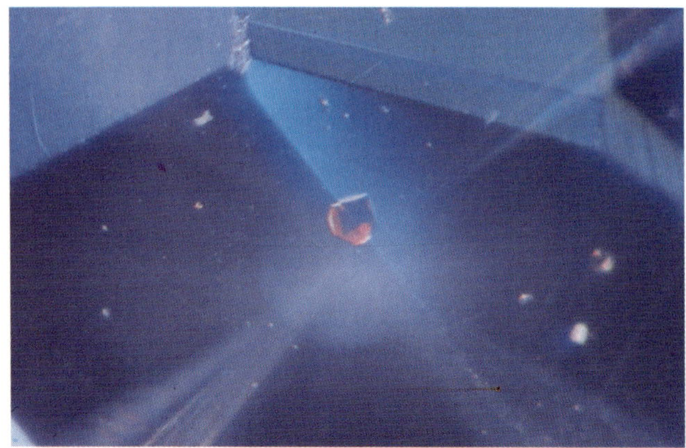

Saphir. Kambodscha (Pailin). Roter Kristalleinschluss von Uran-Pyrochlor. 50×.

Saphir. Thailand. Kristalleinschlüsse von Niobit. 60×.

Einschlüsse

Neben verbreiteten Spannungsrissen, «Fahnen», zerrissenen Flüssigkeitsfilmen und ähnlichen Innenstrukturen findet man am häufigsten Rutil als Einschlussmineral. Der Rutil zeigt öfters eine orientierte Verwachsung mit dem Wirtmineral Korund, wobei die Rutilnadeln senkrecht zu den a-Achsen des Korundes liegen. Bei gröberen Einschlüssen beobachtet man eine Verzwillingung des Rutils nach seiner Fläche (101) und eine Streckung parallel zu dieser Ebene. Die nadeligen Rutilleisten sind dann schief zu ihrer eigenen Hauptachse verlängert (in einem Winkel von 57°), und die Längsrichtung ist die Spur der Zwillingsebene (101), nicht die c-Achse. Indessen kommen auch andere Orientierungsbeziehungen vor. Dichte Rutileinlagerungen führen zu Asterismus (siehe Seite 92).

Ähnlich wie bei Rubin ist die Rutil-«Seide» bei Saphir aus Sri Lanka locker und langfaserig, bei Saphir aus Burma eher dicht und auf einzelne Nester begrenzt. Bei Burma-Saphir können die Rutilnadeln unterbrochen sein und gestrichelte Linien vortäuschen; weiter können Heilungsrisse auftreten, die an «gefältelte Fahnen» erinnern. Die Einschlussmineralien der Saphire umfassen in Sri Lanka Biotit, Pyrit und Zirkon, der von Spannungshöfen und Rissen umgeben ist; in Thailand Plagioklas und schwarzen Niobit, der oft in einer «Fahne» ruht, jedoch fehlt Rutil; in Burma Magnetkies und Apatit; in Kambodscha als einzigartiges, lokaltypisches Mineral dunkelroten Uran-Pyrochlor. Der Niobit im Saphir von Thailand weist auf pegmatitische Verwandtschaft hin, wie auch die Kaschmir-Saphire an Pegmatite gebunden sind.

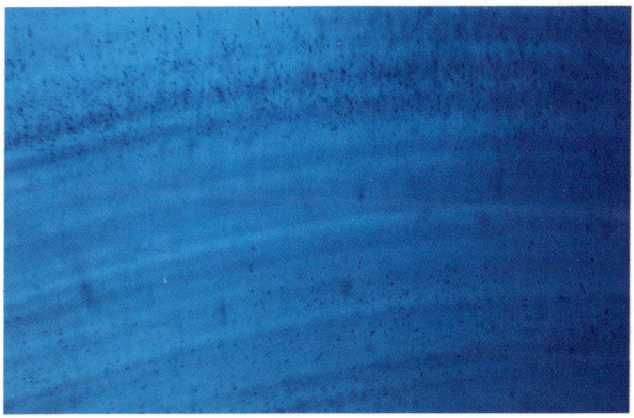

Synthetischer Saphir. Verneuil. Gebogene Zuwachsstreifen und feinste Gasbläschen. 50×.

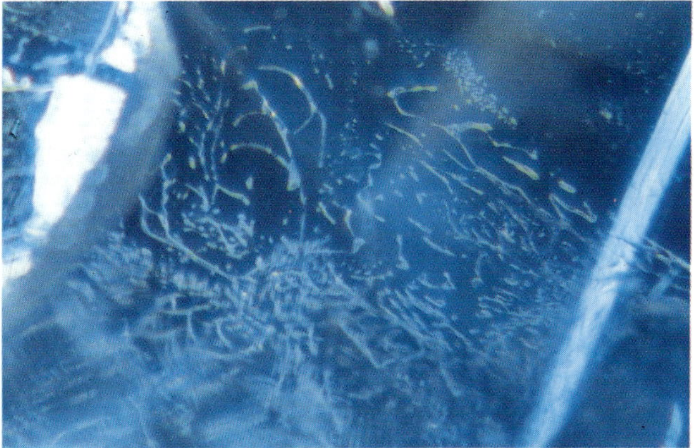

Synthetischer Saphir. Chatham. «Fahne» aus fetzenartigen Schmelztröpfchen (Flüssigkeits-«Fahne» in einem natürlichen Saphir vortäuschend). 60×.

Synthesen

Bei Saphir muss man verschiedene Grade nachträglicher Manipulationen bis zu eigentlichen Synthesen unterscheiden: naturbelassen, gebrannt, diffusionsgefärbt, synthetisch. Naturbelassene Saphire sind völlig unbehandelt (vom Schleifen abgesehen). Saphire mit milchiger Trübung, schlechter Farbe oder fleckigem Aussehen gewinnen oft ganz enorm durch das Brennen. Minderwertige Korunde werden heute zu Preisen weit über denen, die früher für Ausschussware bezahlt wurden, in Sri Lanka aufgekauft und zur Glühbehandlung nach Thailand gebracht. Gebrannte Saphire lassen sich oft nur mit Mühe von ungebrannten unterscheiden, fallen aber wegen der hohen Ofentemperaturen von 1700–1900° durch geschmolzene Einschlüsse mit irisierenden Höfen und Spannungsrissen auf, ferner durch ungewohnte Farben und fehlende «Seide». Erkennt man hingegen feine Rutilhaare oder mehrphasige Flüssigkeitseinschlüsse in einem Saphir, so ist er sicher echt und naturbelassen.

Ein Färbeverfahren, das im Mikroskop leicht als Fälschung entlarvt wird, ist das Pigmentieren einer zehntelmillimeterdicken Randschicht an bereits geschliffenen, bleichen Saphiren. In die farbarmen Steine lässt man bei 1800° Titandioxid diffundieren. Trotz der hohen Temperatur ist die Eindringtiefe minim, und beim Eintauchen solcher Steine in eine hochlichtbrechende Flüssigkeit erscheinen die Kanten und eventuelle Risse durch die Farbe auffallend überbetont.

Wie bei Rubin sind die Synthesen auch bei Saphiren (blauen und anderen) ein Problem. Verneuil-Flammenschmelz-Synthesen werden in Bangkok durch Brennprozesse «naturähnlicher» gemacht und finden auf diese Weise leichten Absatz als «Natursteine». Die ebenfalls verbreiteten Chatham-Synthesen enthalten manchmal als Folge einer leichten Korrosion des Schmelztiegels ausgeschiedene, sechsseitige Platintäfelchen, die spiessförmigen Ilmeniteinschlüssen australischer Saphire völlig ähnlich sehen. Zonarstreifen und netzartige «Fahnen» von Schmelzresten gleichen den Strukturen natürlicher Saphire. Chatham-Synthesen fluoreszieren grünlich, natürliche Saphire aber nicht.

Beryll: Smaragd

Drei kolumbianische Smaragde in der typischen, rechteckigen Schliffform. Oben: 3,23 ct. Mitte: 1,27 ct. Unten: 0,74 ct.

Allgemeines

Die Beryllvarietät Smaragd, ein chromhaltiges Beryllium-Aluminiumsilikat, gehört zu den meistgeschätzten und teuersten Edelsteinen trotz der nicht übergrossen Härte von 7½ (Diamant 10, Korund 9). Der Zauber und Nimbus des Smaragds geht von der einzigartigen, «smaragdgrünen» Farbe aus, die den seltenen Stein so aussergewöhnlich begehrt macht. Beim hohen Wert natürlicher Smaragde erwächst dem Handel eine grosse Gefahr aus den vielen täuschend ähnlichen Synthesen und Fälschungen. Zum Glück enthalten fast alle natürlichen Smaragde unverkennbare Einschlüsse, und ganz reine, riss- und fehlerfreie Natursteine sind eine grosse Seltenheit. Der Name Smaragd bezeichnete im Altertum ein grünes Mineral, was offenbar nicht allein den Smaragd einschloss. Hauptquelle der antiken Smaragde waren die Minen der Kleopatra am Roten Meer ungefähr auf der Breite von Assuan, wo sich allerdings ein moderner Abbau wegen der minderen Steinqualität nicht mehr lohnt.

Smaragd ist auf seinen wichtigsten Vorkommen (Kolumbien) eine hydrothermale Bildung, erscheint dagegen auf praktisch allen anderen Lagerstätten als metamorpher Gemengteil kristalliner Schiefer. Die grosse Seltenheit von schöngefärbten Smaragden erklärt sich aus dem grundverschiedenen geochemischen Verhalten der beiden Elemente Beryllium und Chrom, die in der Natur fast nie zusammentreffen. Der Gehalt an Chromoxid kann im Smaragd ein paar Prozent erreichen, und die spezielle Lage der Absorptionsbanden bewirkt eine grüne Farbe mit einem charakteristischen, bläulichen Hauch. Die geringfügige Verschiebung der Chrombanden nach etwas kürzeren Wellenlängen lässt im Rubin und in gewissen Granaten ein rote Farbe entstehen. Strenggenommen darf als Smaragd nur solcher Beryll gelten, der seine grüne Farbe dem Chrom verdankt. Selten gibt es auch Berylle mit überwiegend Vanadiumoxid als färbender Beimengung. Man könnte Vanadium-Beryll eigentlich auch zu Smaragd rechnen, da Vanadium und Chrom oft in Edelsteinen zusammentreffen (Beispiel: Granat) und Vanadium-Beryll ein sehr smaragdähnliches Grün besitzt. Hingegen sind grünlicher, eisenhaltiger Aquamarin und Smaragd scharf auseinanderzuhalten.

Hauptvorkommen

Smaragd wird nur an seinem primären Entstehungsort gewonnen, da sich das leichte Mineral (spezifisches Gewicht 2,7 g/cm^3, Quarz 2,65) nicht in Seifen anreichert. Den völlig einmaligen kolumbianischen Gangvorkommen, die nirgendwo noch ihresgleichen haben, stehen weltweit die Smaragdfunde in biotit-, hornblende-, talk- und chloritreichen metamorphen Schiefern gegenüber, wo Smaragd als Nebengemengteil in die Gesteine eingebettet ist. Die kolumbianischen Smaragde gelten als die feinsten, was jedenfalls für die Durchschnittsqualität der Förderung stimmen mag. Aber auch andere Lagerstätten liefern ab und zu aussergewöhnliche Steine.

In Kolumbien tritt der Smaragd in schmalen Calcit-, Albit- und Dolomitadern auf, die in bituminösen, kreidezeitlichen Tonschiefern der Ost-Kordillere anstehen. Die

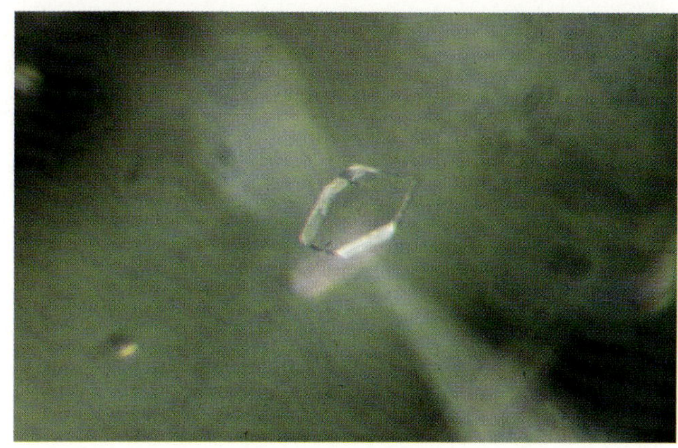

Smaragd. Kolumbien (Chivor). Kristalleinschluss von Albit. 250×.

beiden wichtigsten Grubenbezirke sind die Zone von Chivor knapp hundert Kilometer östlich von Bogotá und das Revier von Muzo gut hundert Kilometer nördlich der Hauptstadt. Von den vielen Einzelvorkommen werden nur wenige grosstechnisch abgebaut, wenn sich auch wegen der Seltenheit der grünen Edelsteine («verdes») und der chronischen Korruption ein geregelter Betrieb nie richtig auszahlt. Von Chivor bezogen schon die vorkolumbischen Völker der Inka (Peru) und der Azteken (Mexiko) ihre Smaragde.

Die wichtigsten metamorphen Smaragdlager sind Leydsdorp (Transvaal), Sandawana (Zimbabwe), Kitwe (Zambia) und Ajmer bei Jaipur (Indien). Weitere Vorkommen befinden sich bei Santa Terezinha (Goiás/Brasilien), bei Itabira (Minas Gerais/Brasilien), bei Sverdlovsk (mittlerer Ural), bei Alto Ligonha (Moçambique) und im Habachtal (Österreich). Überall gibt es vereinzelt einmal Steine feinster Qualität, und die Farbe allein unterscheidet kolumbianische Smaragde noch nicht von solchen anderen Ursprungs. Die Smaragde verschiedener Herkunft variieren hingegen recht beträchtlich in der Lichtbrechung und im spezifischen Gewicht. Diese Eigenschaften zusammen mit anderen Befunden bilden eine wichtige Hilfe bei der Begutachtung der Steine.

Einschlüsse

Wegen des hohen Preises von Smaragd und der Seltenheit klarer Steine werden bei Smaragd mehr als sonst auch völlig unreine Qualitäten verschliffen. Flüssigkeitströpfchen (auch mehrphasige), Heilungsrisse und Gast-

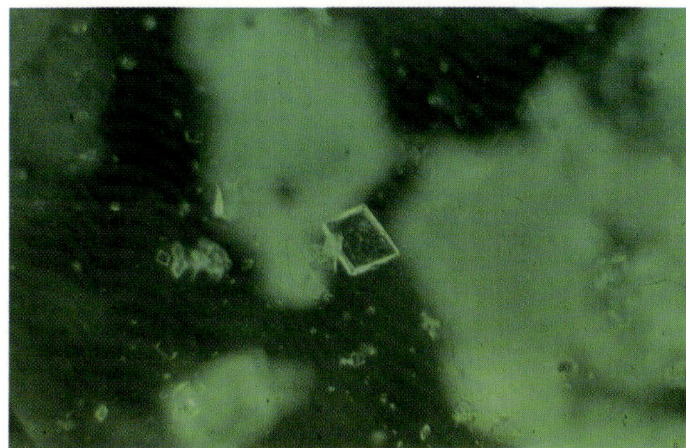

Smaragd. Kolumbien (Muzo). Eingeschlossener Kristall von Calcit. 60×.

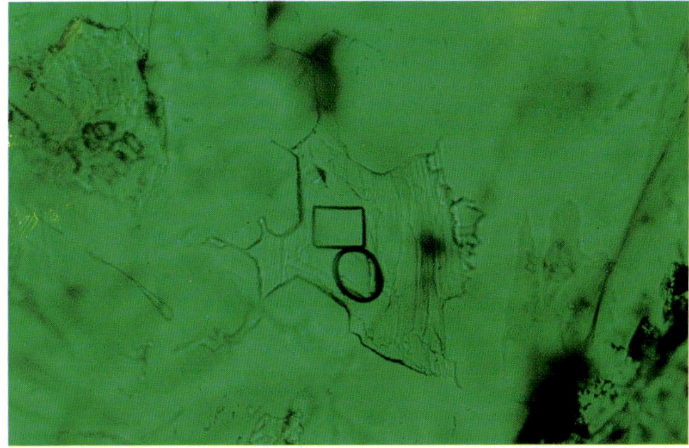

Smaragd. Kolumbien. Dreiphasiger Flüssigkeitseinschluss, bestehend aus wässriger Lösung, Salzkristall und Gasblase. Ursprünglich wurde dieser Einschluss als homogene Lösung eingebaut. 200×.

Smaragd. Zambia. Eingeschlossene Chrysotilfasern. 30×.

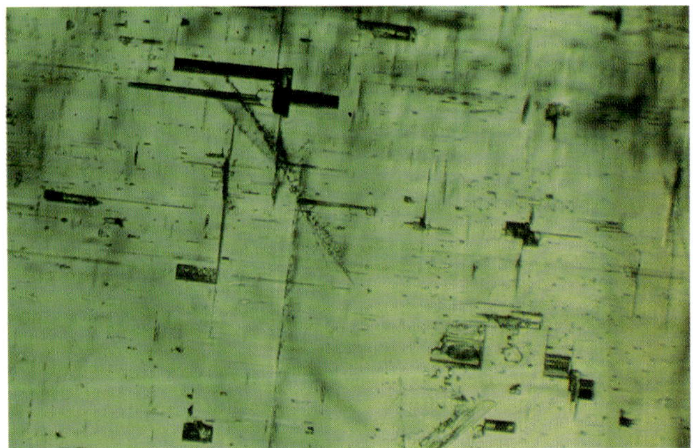

Smaragd. Indien. Rechtwinklige Zweiphaseneinschlüsse. 90×.

Smaragd. Zambia. Eingetrocknete Ölreste im Riss eines ölbehandelten Steins. Nach dem Tränken mit Öl verschwinden die Risse vorübergehend, treten aber später wieder hervor. 80×.

mineralien sind im mikroskopischen Bild von Smaragd weitaus die Regel. In kolumbianischen Smaragden sind ausgezogene oder zackig umgrenzte, oft dreiphasige Flüssigkeitseinschlüsse ein unzweifelhaftes Herkunftsmerkmal, und ebenso eindeutig geben sich Steine aus Indien und Moçambique durch streng rechtwinklige Flüssigkeitsreste zu erkennen. Umfangreich ist die Liste typischer Mineraleinschlüsse. Smaragde von Chivor können Pyrit und Albit eingeschlossen haben; Smaragde von Muzo Calcit und Parisit (ein seltenes Fluorkarbonat); Smaragde von Leydsdorp Biotit; Smaragde von Kitwe Chrysotil (oft gebogen) und Granat; Smaragde von Santa Terezinha Dolomit und Chromit; und Smaragde vom Habachtal Biotit und Aktinolith. Die sogenannten Trapiche-Smaragde aus Kolumbien haben einen schwarzen Kern oder schwarzen Ring aus Albit und kohliger Substanz und dazu eine schwarze Sektorteilung. Im Mikroskop treten zahlreiche Flüssigkeitseinschlüsse hervor.

Synthesen

Smaragdsynthesen bergen neben Rubinsynthesen für den Handel die grösste Gefahr der Verwechslung. Die Synthesen von Chatham und von Gilson sind in einem Schmelzfluss gewachsen und zeigen wie auch die hydrothermal bei 500° und 1000 Atmosphären gezüchteten Smaragde von Linde nicht selten Phenakiteinschlüsse, von denen manchmal Wachstumsröhren ausgehen. Phenakit ist ein Pegmatitmineral, aber kein Einschluss natürlicher Smaragde. Schmelzfluss-Synthesen verraten sich durch «Fahnen» und «Netze» von Schmelz-

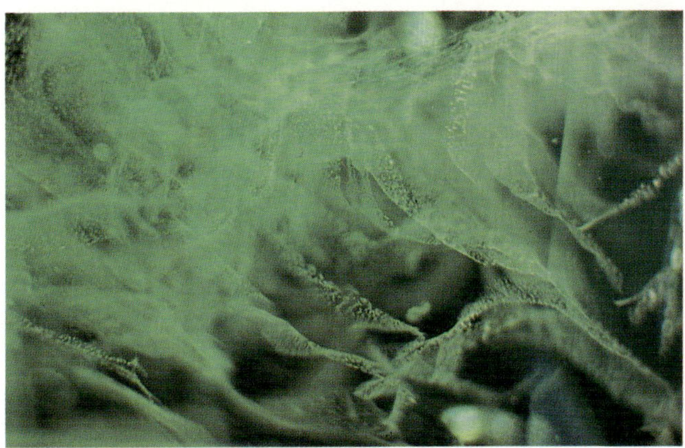

Synthetischer Smaragd. Gilson. «Fahne» aus wischartigen Schleiern (eindeutiges Synthesemerkmal). 25×.

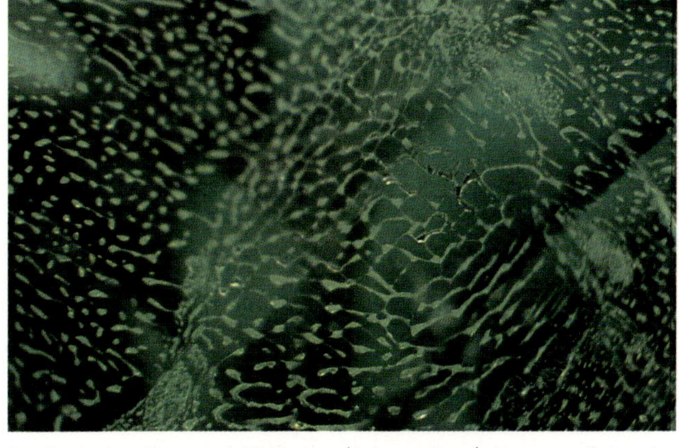

Synthetischer Smaragd. IG-Farben (Schmelzfluss). Netz von Schmelztropfen (verschieden von natürlichem Einschlussbild). 60×.

Synthetischer Smaragd. IG-Farben (Schmelzfluss). Kristalleinschluss von Phenakit. 130×.

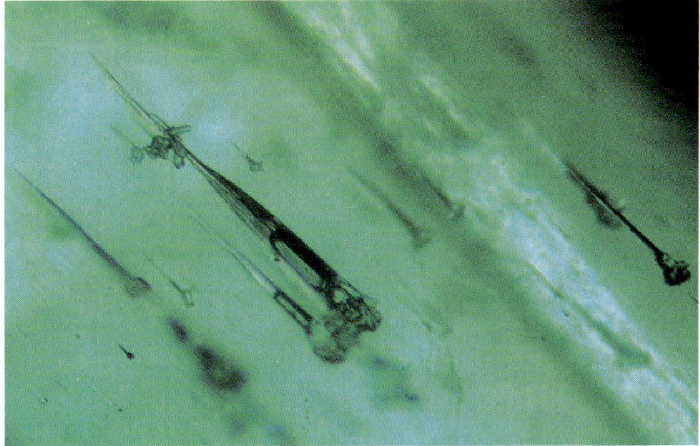

Synthetischer Smaragd. Hydrothermalverfahren nach Linde. Keilförmige Zweiphaseneinschlüsse, von Phenakitkristallen ausgehend. 100×.

resten, die den natürlichen Kristallen fremd sind. Synthetische Smaragde haben etwas niedrigere Lichtbrechung und niedrigeres spezifisches Gewicht als natürliche.

Das Infrarotspektrum natürlicher Smaragde zeigt die Anwesenheit von Wasserspuren an, die den Schmelzfluss-Synthesen (nicht aber hydrothermal gezüchteten Kristallen) fehlen. Es wird gesagt, dass synthetische Smaragde im Ultraviolettlicht rot fluoreszieren, während natürliche Steine auch wegen der allgegenwärtigen Eisenspuren nicht reagieren. Von dieser Regel kennt man zahlreiche Ausnahmen. Ebenso ist der wechselnde Gehalt natürlicher Smaragde an Magnesium und Natrium kein sicheres Unterscheidungsmerkmal von Synthesen.

Zahlreich sind die Versuche, Steine zu «veredeln» und smaragdähnlich zu machen. Lechleitner überzog natürliche, geschliffene Berylle in einem hydrothermalen Verfahren mit synthetischem Smaragd. Solche Steine weisen viele Oberflächenrisse auf. Zu den Fälschungen zählen Glasimitationen und Quarzdubletten mit grüner Klebemasse, aber auch die folgenden Montagen, die an einem altenglischen Fingerring aus dem Jahr 1830 entdeckt wurden: Vier schön smaragdgrüne Steine entpuppten sich als Dubletten mit einem Oberteil aus Almandin und aufgeschmolzenem Unterbau aus leichtschmelzendem, grünem Bleiglas. Eine unerwünschte, in Kolumbien und Brasilien weitverbreitete Unsitte ist das Tränken natürlicher, rissiger Smaragde mit Öl, das die Risse verdeckt und so die Farbe verstärkt. Im Mikroskop erkennt man dann gelbe «Heilungsrisse», die nach dem Eintrocknen des Öls ebenso störend in Erscheinung treten wie zuvor.

Drei Berylle und ein Topas. Links: blauer Topas 9,45 ct aus Zimbabwe. Oben: Aquamarin 4,76 ct aus Zimbabwe. Rechts: grüner Vanadium-Beryll 3,45 ct aus Brasilien. Unten: rosa Beryll 3,89 ct aus Brasilien.

Allgemeines
Aquamarin ist himmelblauer Beryll, der Glücksstein der Seefahrer. Zum Unterschied von Smaragd kristallisiert Aquamarin oft in grossen, wasserklaren, gleichmässig gefärbten Individuen, und zwar hauptsächlich im hydrothermalen Nachhall von Granitpegmatiten. Die Beliebtheit des Aquamarins, der wegen seiner zarten Farbe eher gross geschliffen wird, erklärt sich aus der allgemeinen Seltenheit schön blauer Edelsteine und dem hohen Preis des meistgeschätzten unter ihnen, des Saphirs. Aquamarin ist von Natur aus fast immer nur schwach gefärbt und grünlich oder grünbläulich, während ein reines, möglichst intensives Blau in der Gunst des Publikums zuoberst steht. Die Farbe rührt von geringen Eisenspuren her, die nach einem reduzierenden Brennprozess bei etwa 400° dem Aquamarin seine schöne, am Licht beständige Farbe verleihen. Gegen das Brennen der Aquamarine bei niedriger Temperatur ist nichts einzuwenden, zumal man hinterher nicht unterscheiden kann, ob ein Ausheizen künstlich oder viel früher durch geologische Naturvorgänge stattgefunden hat.

Aquamarin ist dichroitisch, und im Normalfall (es gibt auch ungeklärte Ausnahmen) erzeugt die Schwingungsrichtung in der kristallographischen Längsachse die blaue Farbe, während die Schwingungsrichtung parallel zur Basis fast farblos bleibt. Daher wird ein Stein so geschliffen, dass die Tafel parallel zur Längsrichtung des Kristalls zu liegen kommt. Aquamarin ähnelt sehr dem blauen Topas, der aber etwas höhere Lichtbrechung besitzt (Aquamarin 1,58, Topas 1,62).

Die übrigen Farbvarietäten des Berylls erreichen nicht die Popularität des Aquamarins, haben aber gleichwohl eigene Namen bekommen, die als unnötiger Ballast hoffentlich langsam verschwinden. Viel sinnvoller ist wie bei anderen Steinen die Umschreibung mit der Farbbezeichnung. So heisst rosa Beryll, der seine Farbe geringen Manganspuren verdankt, auch Morganit. Gelber, durch Eisenspuren gefärbter Beryll läuft unter der Bezeichnung Goldberyll, und eine grünlichgelbe, radioaktive Varietät mit etwas Uran nennt sich Heliodor. Schliesslich hat man den farblosen Beryll mit dem völlig überflüssigen Namen Goshenit bedacht.

Hauptvorkommen
Der weltwichtigste Aquamarinlieferant ist Brasilien mit vielen Gruben in den Staaten Minas Gerais (berühmtes Beispiel: Santa Maria de Itabira) und Espirito Santo. Meist gewinnt man hier den Aquamarin nicht primär aus dem Muttergestein, sondern sekundär aus dem bereits zersetzten Untergrund und aus Ablagerungen rund um die verwitternden Pegmatitgebiete, da ein Abbau des harten, anstehenden Gebirges weniger wirtschaftlich ist. Weitere Aquamarinvorkommen befinden sich in Madagaskar und vielen anderen Regionen, wenn auch meist mit eher lokaler Bedeutung. In den Alpen gibt es etwa im Bergell (südliches Graubünden) Aquamarin, der sich wegen starker Innenspannungen nicht zum Schleifen eignet. Schöne grüne, blaue und gelbe Beryllkristalle, die als seltene Kostbarkeiten vor allem Mineralsammlungen zieren, stammen aus dem mittleren Ural und von Ner-

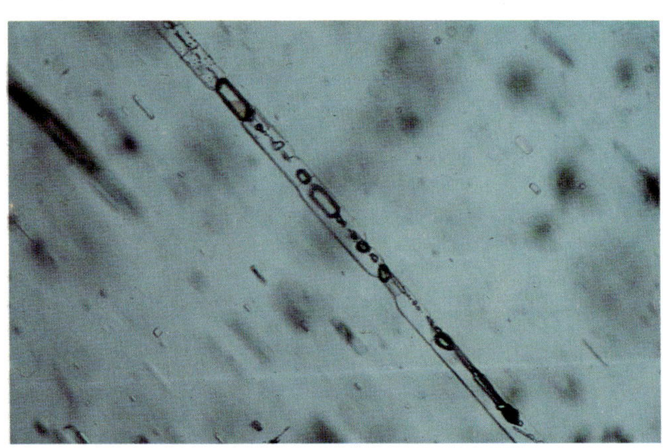

Aquamarin. Brasilien. Mit Quarz und Apatit angefüllte Wachstumsröhren parallel zur Vertikalachse. 120×.

chinsk (Transbaikalien/Sibirien). Auf Sri Lanka zählt Aquamarin zu den Seltenheiten. Rosa und gelber Beryll kommt meist mit Aquamarin zusammen vor. Eine wichtige Lokalität für schönen rosa Beryll ist Anjanabonoina (Madagaskar).

Einschlüsse

Aquamarin hat ganz verschieden von Smaragd nur wenig Einschlüsse; denn minderwertige Qualitäten werden beim derzeit reichlichen Angebot nicht verschliffen. Am häufigsten erscheinen im Aquamarin parallele Wachstumsröhren und Hohlkanäle in Richtung der kristallographischen Hauptachse, teils mit Flüssigkeit und Gas, teils mit Fremdmineralien gefüllt. In der Aufsicht kann das Einschlussbild die Vorstellung von fallendem Regen erwecken. Auch Risse sind in dem zu einer gewissen Sprödigkeit neigenden Edelstein verbreitet. Als Gastmineralien erwähnen wir Biotit, Muskovit, ferner in sehr feiner Verteilung Hämatit und Ilmenit.

Synthesen

Berylle werden mit Ausnahme des sehr hochbewerteten Smaragdes selten synthetisiert, weil ein wirtschaftlicher Anreiz fehlt, und künstliche Aquamarine haben höchstens wissenschaftliches Interesse. Jedoch begegnet man nicht selten Aquamarinimitationen, bei denen es sich meist um synthetische hellblaue Kobaltspinelle handelt. Ein ernsteres Problem stellen die neutronenbestrahlten natürlichen rosa Berylle dar, die bei der Strahlenbehandlung ihre Farbe wechseln und ein noch tieferes Blau als gebrannte Aquamarine annehmen, mit der Zeit aber wieder verblassen. Rosa Berylle enthalten öfters Spuren des seltenen Elementes Caesium. Bei der Bestrahlung entsteht dann im Verlauf einer Kernreaktion instabiles Caesium 134, und die Steine werden in erheblichem Masse radioaktiv.

Chrysoberyll

Zwei aparte Edelsteinfarben aus Sri Lanka. Oben: gelber Chrysoberyll 7,41 ct. Unten: orange Spessartin 4,75 ct.

Allgemeines

Das nicht sehr häufige Mineral Chrysoberyll (aus dem Griechischen für goldenen «Beryll») erscheint gleich in drei besonders ausgesuchten Edelsteinqualitäten: als gewöhnlicher Chrysoberyll, als Alexandrit und als Katzenauge. Alle haben zwar die chemische Formel Al_2BeO_4 und die beträchtliche Härte 8½, was eine Analogie zu Spinell vermuten liesse; dennoch kristallisiert Chrysoberyll gleich wie Olivin (Peridot), das heisst, Chrysoberyll ist mit Olivin isotyp und nicht mit Spinell. Die Lichtbrechung von Chrysoberyll (1,75) fällt nahezu mit der von Korund zusammen (1,76). Die beiden Abarten Alexandrit und Katzenauge zeigen eigenartige optische Eigenschaften und gelten als hochbewertete Liebhabersteine.

Gewöhnlicher Chrysoberyll ist fast immer eisenhaltig und honiggelb, hellgelb, braun oder grün, nur äusserst selten einmal rubinrot (Brasilien). Chrysoberyll kann leicht mit anderen Edelsteinen gleicher Farbe verwechselt werden (Beispiele: Saphir, Topas).

Von einem russischen Zaren bezog Alexandrit, chromhaltiger Chrysoberyll, seinen Namen. Mehrere Zehntelprozent Chromoxid neben Eisenspuren lassen Chrysoberyll im Tageslicht braungrün bis blaugrün, im Glühlampenlicht hingegen purpurn bis rot erscheinen. Dieses Verhalten, das Umschlagen der Farbe von Grün nach Rot bei Zunahme des längerwelligen Strahlenanteils (Wärmerwerden des Lichtes), heisst Changieren (vom französischen changer). Changieren meint nicht etwa den Wechsel der Farbe mit der Blickrichtung und darf nicht mit Dichroismus (Pleochroismus) oder gar dem Farbwechsel grün-roter Dubletten verwechselt werden. Alexandrit ist der klassische changierende Stein, und man nennt changierende Mineralien auch alexandritartig. Alexandrit zeigt unabhängig vom Changieren einen starken Pleochroismus (in der Kurzschrift der Kristalloptik: $X = c$ rot, $Y = b$ orangegelb, $Z = a$ grün). Dem Alexandrit nicht weit nachstehen die sehr seltenen alexandritartigen Granate (Ostafrika, Sri Lanka). Das Katzenauge schliesslich, der klassische Stein mit Chatoyance, wird im Kapitel Orientierte Mineraleinschlüsse (Seite 100) besprochen.

Hauptvorkommen

Chrysoberyll stammt heute von Seifen in Ratnapura (Sri Lanka) und Minas Gerais (Brasilien). Das Edelsteingebiet nordöstlich von Sverdlovsk (Jekaterinburg) im mittleren Ural gilt als die klassische Alexandritfundstelle und hat den legendären Ruf, die feinsten Qualitäten dieses seltenen Edelsteins geliefert zu haben. Alexandrit begleitet dort Smaragd und Phenakit in einem Glimmerschiefer. Seltene ceylonesische Alexandrite erreichen durchaus die Qualität alter russischer Funde, wie man sie noch als Kostbarkeiten in Museumssammlungen sieht. Brasilianische Alexandrite (Malacacheta/Minas Gerais) sind in den Farbtönen heller als die dunkelgefärbten russischen und ceylonesischen Steine. Neue Alexandritvorkommen gibt es in Zimbabwe und Tansania.

Einschlüsse

Zu den charakteristischen Einschlüssen im Chrysoberyll zählen neben Flüssigkeits-«Fahnen» feinste Rutilfasern, die bei grösserer Dichte und mugeligem Steinschliff den begehrten Katzenaugeneffekt erzeugen. Andere Einschlussmineralien weisen teils auf pegmatitische Herkunft (Beispiel: Tantalit), teils auf metamorphe Entstehung (Beispiel: Biotit).

Synthesen

Gewöhnlicher Chrysoberyll wird nicht synthetisiert, weil sich als gelbfarbene Synthese Saphir viel billiger anbietet. Dagegen hat der begehrte und ungewöhnliche Alexandrit die Chemiker immer wieder dazu verlockt, die aufwendige Synthese und die Imitation dieses geheimnisvollen Steins zu versuchen. Viele künstliche «Alexandrite» sind bloss synthetische Vanadium-Korunde mit bescheidenem Changieren. Und die meisten Leute, die den echten Alexandrit wegen seiner Seltenheit nie gesehen haben, halten Vanadium-Korund für richtigen Alexandrit. Heute wird ausgezeichneter synthetischer Alexandrit aus dem Schmelzfluss und durch Ziehen aus der Schmelze hergestellt (Creative Crystals, ferner Inamori und russische Firmen). Synthetischer Alexandrit zeigt netzartige Flüssigkeits-«Fahnen». Da es an genügend Vergleichsmaterial im allgemeinen mangelt und auch die Synthesen unverhältnismässig teuer sind, stellt die betrügerische Unterschiebung künstlicher Alexandrite eine dauernde Gefahr für den Edelsteinhandel dar.

Zwei Spinelle und der sehr ähnliche Taaffeit. Mitte: grösster Taaffeit der Welt 13,22 ct aus Sri Lanka. Unten links: lila Spinell 5,59 ct aus Sri Lanka. Rechts: rosa Spinell 6,39 ct aus Sri Lanka.

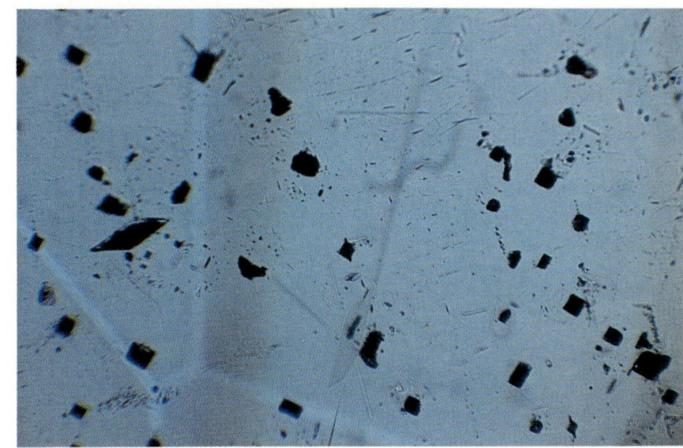

Spinell. Sri Lanka. Kristalleinschlüsse von Hercynit (Spinell). 60×.

Allgemeines

Spinell, der in der Natur in kleinen, spitzen Kristallen vorkommt, besticht durch den Reichtum zarter Farbabstufungen in allen Tönen von Rosa und Rubinrot bis Lila und Saphirblau. Reines Grün findet sich dagegen selten (Ural). Spinell ist ein metamorphes Mineral, das manchmal als Nebengemengteil von Marmoren auftritt. Chemisch liegt ein gemischtes Magnesium-Aluminiumoxid vor. Tritt etwas zwei- und dreiwertiges Eisen an die Stelle des zweiwertigen Magnesiums und des dreiwertigen Aluminiums, so werden die Kristalle dunkelgrün bis schwarz (Pleonast, Ceylonit). Feine rote Spinelle von Burma gleichen in der Farbe erstklassigen Rubinen, erreichen aber nicht die Wertschätzung von Rubin und Saphir, neben denen Spinelle unverdienterweise etwas ein Schattendasein fristen. Einige historische «Rubine» sind in Wahrheit rote Spinelle; denn Spinell ist erst seit zweihundert Jahren als eigene Mineralart bekannt, obwohl der Name viel älter ist. Spinell hat eine etwas niedrigere Lichtbrechung (1,72) als Rubin (1,76), der auch schwachen Dichroismus zeigt. Spinell ist hingegen kubisch und optisch isotrop.

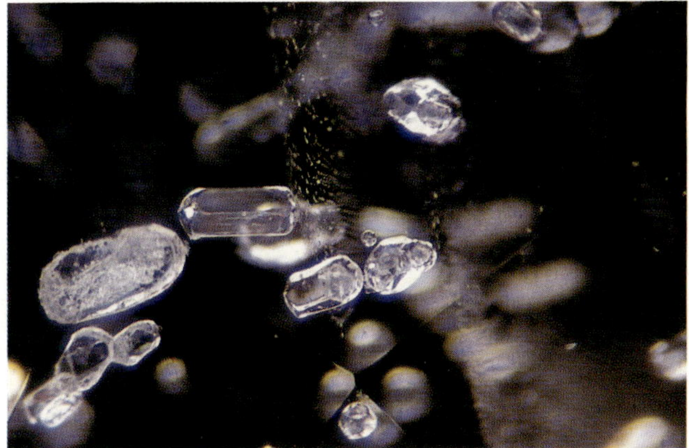

Spinell. Sri Lanka. Farblose Kristalleinschlüsse von Apatit. 60×.

Hauptvorkommen

Im Hunzatal (Pakistan) wird mit primitiven Mitteln ein Primärvorkommen im anstehenden Dolomitmarmor abgebaut, sonst sind alle bedeutsamen Lagerstätten sekundär und an Seifen gebunden. Die beiden wichtigsten Fundgebiete sind Mogok (Burma) und Ratnapura (Sri Lanka). In Mogok gewinnt man die tiefroten, dem Rubin

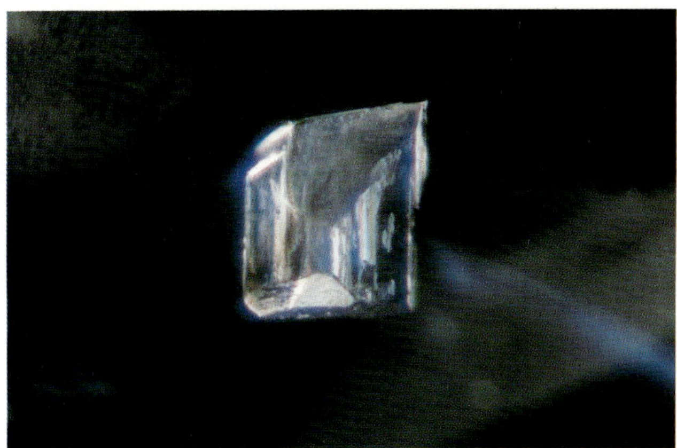

Spinell. Burma. Kristalleinschluss von Olivin. Bei diesem Einschluss im Innern des Spinells wurde allein anhand der Flächentracht auf Olivin geschlossen. 100×.

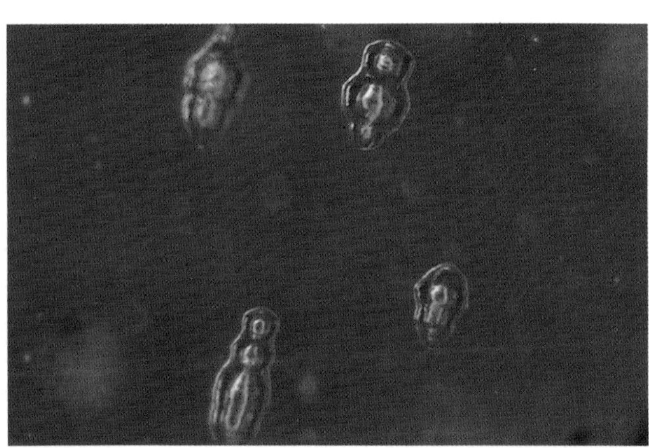

Synthetischer Spinell. Verneuil. Eingeschnürte Gasblasen (typisch für diese Synthese). 90×.

ähnlichen Spinelle, ferner blaue, aber keine schwarzen. Dasselbe gilt für das Hunzatal, während in Sri Lanka die blauen Farben vorherrschen. Chanthaburi (Thailand) liefert unattraktive rotbraune neben schwarzen Steinen. Spinell und Korund kommen oft zusammen vor, wenn auch selten miteinander verwachsen; in Mogok überwiegt aber Spinell stark über Rubin.

Einschlüsse

Spinell erscheint dem flüchtigen Betrachter auffallend rein und kommt selten mit grösseren Einschlüssen in den Handel. Typische Spinelleinschlüsse, die man von verschiedenen Vorkommen kennt, sind die oft in Linien aufgereihten Oktaeder (negative Kristallformen), die selber wieder Spinell sein können, oder Füllungen aus Dolomit, Calcit und manchmal Albit. Als sehr charakteristische Erscheinung treten oktaedrische Hercyniteinschlüsse (Eisen-Aluminiumspinell $FeAl_2O_4$) manchmal in ganzen Schwärmen auf. Andere Gastmineralien umfassen Apatit in idiomorphen oder abgerundeten Kristallen, Olivin und Uraninit. Die «Seide» des Rubins fehlt dem Spinell. Flüssigkeits-«Fahnen» sind sehr selten, häufig hingegen trokkene Risse.

Synthesen

Spinellsynthesen hat man in vielen Farben hergestellt. Die meisten dieser Töne fehlen bei natürlichen Steinen. Die erste Spinellsynthese gelang unabsichtlich beim Versuch, blauen Kobalt-Saphir zu erzeugen. Die meisten Synthesen benützen das Verneuil-Verfahren und liefern Spinelle mit Tonerdeüberschuss; erst neuerdings gelingen auch Synthesen mit der Idealformel $MgAl_2O_4$. Als Ersatz für natürlichen Spinell haben Spinellsynthesen keinerlei Bedeutung, wohl aber als Imitationen wertvollerer Steine wie Aquamarin.

Zwei farbschöne Turmaline aus Namibia. Oben: 4,52 ct, purpur. Unten: 5,57 ct, blaugrün.

Zwei Granate und ein Turmalin fast gleicher Farbe. Oben: Chrom-Turmalin 5,70 ct aus Tansania. Links: Tsavolith 4,20 ct aus Tansania (siehe auch Bild Seite 69). Rechts: Demantoid 4,31 ct aus dem Ural.

Allgemeines

Die Bezeichnung Turmalin ist angeblich singhalesisch und Anfang des achtzehnten Jahrhunderts irrtümlich diesem Mineral zugekommen. Turmalin erscheint in Gesteinen oft als pegmatitische Ausscheidung, doch sprechen bei manchen Edelturmalinen Flüssigkeitseinschlüsse und Drusenvorkommen für tiefere, eher hydrothermale Bildungstemperaturen. Die Mehrzahl der Lagerstätten ist primärer Natur, eine geringere Zahl liegt als Seifen vor (Beispiel: Sri Lanka).

Kein anderer Edelstein hat einen derartigen Farbenreichtum aufzuweisen wie Turmalin, den es in jeder nur vorstellbaren Farbnuance gibt. Darin mag ein Grund für die Beliebtheit dieses Steins liegen. Die Palette reicht von Dunkel- bis Hellgrün (Verdelith), Rosa, Tiefrot bis Purpurn (Rubellit), Hell- bis Tiefblau (Indigolith) und Honiggelb, Braun (Dravit) bis Schwarz (Schörl). Achroit heissen die seltenen farblosen Turmaline, Siberit die purpurrosa, nach Lilarot wechselnden aus dem Ural. Intensives Rubinrot, das am Turmalin sehr selten auftritt (Südwestafrika), gilt im Handel als begehrteste Farbe. Viele Turmaline verdanken ihre Farbe nicht allein färbenden Beimengungen, sondern zu einem geringeren oder bedeutenderen Teil auch noch Strahlungsvorgängen. Durch β-Strahlung konnten fast farblose oder schwach rosafarbene Turmaline in kräftig roten Rubellit verwandelt werden.

Die Doppelbrechung des Turmalins erweist sich als stark genug, um bei Betrachtung mit einer Lupe in einem geschliffenen Stein erkennbar zu werden (Verdoppelung einzelner Kanten). Der Dichroismus des Turmalins (der richtungsabhängige Wechsel der Farbe und der Helligkeit) ist ganz besonders ausgeprägt und für die Farbvielfalt mitverantwortlich. Im Turmalin wie in allen optisch anisotropen Kristallen hängt die Absorption des Lichtes von der Schwingungsrichtung ab. Betrachtet man einen Turmalin in der Richtung der Längsachse, die gleichzeitig optische Achse ist, so schwingt alles Licht, das dann vom Auge wahrgenommen wird, senkrecht zur optischen Achse; die Absorption ist maximal, und die meisten Steine erscheinen zu dunkel. Man schleift daher Turmalin normalerweise mit der Tafel parallel zur Längsachse (optischen Achse) des Kristalls. Dann schwingt bei Betrachtung des Steins durch die Tafel einer der beiden polarisierten Strahlen parallel zur Längsachse (optischen Achse), wo die Absorption geringer ist; der Stein erscheint heller.

Die grosse Variabilität in der chemischen Zusammensetzung charakterisiert Turmalin als äusserst komplexes Silikat, dessen Bor-, Fluor- und Wassergehalt der quantitativen Analyse noch heute Schwierigkeiten entgegenstellt. Eine einfache chemische Formel kann nicht angegeben werden, und eine Beziehung zwischen bestimmten Endgliedern und gemmologischen Varietäten ist nicht gefunden worden. Man sollte die überflüssigen Phantasienamen der Farbvarietäten zugunsten der einfachen Bezeichnung der Farbe aufgeben (Beispiel: roter Turmalin statt Rubellit), da die Turmalinfarben nicht allein chemische Ursachen haben. Die Mineralsystematik hat für besondere Endglieder der Turmalin-Mischkristalle eigene Namen geprägt, die aber in der Praxis selten zur

Anwendung kommen, weil der Chemismus zu komplex und meist überhaupt nur schlecht bekannt ist.

Hauptvorkommen

Den grössten Produktionsanteil haben zahlreiche Gruben im Nordosten von Minas Gerais (Brasilien). Nächstwichtig folgen Usakos und Karibib (Namibia) mit Turmalinen von ausgesucht schönen Farben (Rot, Grünblau), Alto Ligonha (Moçambique), Anjanabonoina (Madagaskar), Oxford County (Maine/USA) und San Diego County (California/USA). Von Lengenai (Tansania) stammt intensiv smaragdgrüner Chrom-Turmalin mit viel schwächerem Dichroismus, als er anderen Turmalinen eigen ist. Ungewöhnlich lilaroten Turmalin (Siberit) lieferte in der guten, alten Zeit das Edelsteingebiet von Sverdlovsk (Jekaterinburg) im mittleren Ural.

Einschlüsse

Die Einschlüsse im Turmalin sind nicht fundortspezifisch, zeigen aber in allen Vorkommen ein Bild, das bei typischer Ausbildung weitgehend auf Turmalin beschränkt ist und daher als diagnostische Hilfe dienen kann. Geringe Mikroskopvergrösserung zeigt Flüssigkeits-«Fahnen» in Form haarfeiner, regellos verzweigter Fäden und dünner Netze, welche verheilte Rissflächen markieren. Bei starker Vergrösserung lösen sich die Einschlüsse in Gas- und Flüssigkeitsphasen auf. Es gibt auch geradverlaufende, parallel zur kristallographischen Hauptachse angelegte Wachstumsröhren, die oft von einem wachstumshemmenden Fremdeinschluss ausgehen. Einschlüsse von Glimmer und Hornblende stehen in Beziehung zum pegmatitischen Nebengestein des Turmalins. Apatit erscheint häufig in Steinen aus Tansania. Grüne, blaue und rote Turmalin-Katzenaugen entstehen durch parallele Anordnung von Röhren, die hohl oder gefüllt sein können und im letzteren Fall Turmalin, manchmal auch Gemenge anderer Mineralien enthalten.

Turmalin. Brasilien. Wachstumsröhren neben unbekanntem Einschluss. 130×.

Synthesen

Turmalin kann zwar hydrothermalsynthetisch aus Keimkristallen gezüchtet werden, aber bei dem grossen Farbenreichtum und der verhältnismässig weiten Verbreitung in der Natur sind künstliche Turmalinkristalle für die Gemmologie bedeutungslos.

Drei orange bis rote Granate aus Tansania. Links: weinroter Rhodolith 4,86 ct. Rechts: orange Umbalith 4,18 ct. Unten: rosa Umbalith 3,87 ct.

Zwei neue, farbprächtige Edelsteine aus Ostafrika. Oben: Tansanit 11,18 ct aus Tansania. Unten: dunkelgrüner Tsavolith 7,26 ct aus Kenia.

Allgemeines

Roter Granat zierte manche Kronjuwelen und genoss früher hohes Ansehen, das heute der aparte, orange Umbalith und der grüne Tsavolith für die Granatfamilie langsam wieder zurückgewinnen. Granat ist der Karfunkelstein der Antike und des Mittelalters, doch wurde unter Granat zeitweise auch Rubin verstanden, wie es früher überhaupt Schwierigkeiten bereitete, Granat, Rubin und Spinell zu trennen. Granat ist ein metamorphes Mineral, das man fast immer aus sekundären Seifen gewinnt. Ausnahmen bilden die Vorkommen des seltenen, vanadiumgrünen Tsavoliths in Graphitschiefern Ostafrikas. Die Granatfarben variieren vornehmlich von Braun über Purpurn, Rosa, Rot, Orange bis Gelb. Feines Grün oder Violettblau (bei alexandritartigen Steinen) sind sehr selten und hochbezahlt.

Die Bezeichnung Granat umfasst eine ganze Reihe von Mineralien, die bei unterschiedlicher chemischer Zusammensetzung alle den gleichen Atombau besitzen. Es ist nicht einfach, eine Abgrenzung vorzunehmen, da viele Übergänge und Zwischenformen als Folge von Mischkristallbildung und Atomersatz auftreten. Die Gitterplätze der zweiwertigen Ionen können im Granat wahlweise von Ca, Mg, Fe und Mn, diejenigen der dreiwertigen Ionen von Al, Fe, Cr und V eingenommen werden. Die Edelstein-Granate der Natur sind Silikate, während man in der Technik Doppeloxide mit Granatstruktur in grosser Zahl ohne Kieselsäure herstellt (Beispiele: Yttrium-Aluminiumgranat YAG und Gadolinium-Galliumgranat GGG). Die reinen Endglieder der Granat-Mischkristallreihen sind seltener als die intermediären Verbindungen und nicht alle als Naturvorkommen bekannt.

Für die Mischglieder sind eigene Namen unter Verwendung der Anfangssilben der Endglieder vorgeschlagen worden (Beispiel: Pyralspit für Pyrop-Almandin-Spessartin). Dieses Vorgehen möchten wir für die Gemmologie nicht empfehlen, da einmal die Zusammensetzung nicht immer bekannt ist, ferner eine konsequente Anwendung bei fünf und mehr Endgliedern ins Uferlose führt und schliesslich die Namengebung in der Mineralogie ohnehin nicht starren Regeln folgt wie in der chemischen Stofflehre. Man benützt besser bei einem Mischkristall den Namen des vorherrschenden Endgliedes für sich allein. So genügt die Bezeichnung Spessartin, auch wenn nicht die reine Verbindung $Mn_3Al_2Si_3O_{12}$ vorliegt, sondern ein Mischglied mit etwas gelöstem Almandin $Fe_3Al_2Si_3O_{12}$. Auffallenden Zwischengliedern gibt man eigene Namen (Beispiel: Umbalith für orange Spessartin mit Anteilen von Almandin, Pyrop und Grossular).

Einzelne Granate

Pyrop $Mg_3Al_2Si_3O_{12}$ hat stets etwas Almandin in fester Lösung und ist blutrot. Chromhaltiger Pyrop, der mit Diamanten zusammen vorkommt, ist ebenfalls rot und nicht grün wie einige andere Chrom-Granate, höchstens changiert er in seltenen Fällen grün-rot.

Almandin $Fe_3Al_2Si_3O_{12}$ ist braunrot oder violettrot.

Rhodolith heissen rosarote Granate, die chemisch etwa in der Mitte zwischen Pyrop und Almandin stehen. Sie sind die häufigsten Granate von Edelsteinqualität.

Spessartin $Mn_3Al_2Si_3O_{12}$ ist orange bis rotbraun und hat als Edelstein stets etwas Almandin chemisch beigemischt.

Umbalith heissen orangefarbene (Malaya), manchmal etwas nach Rot changierende Spessartine mit wesentlichen Anteilen von Pyrop, Almandin und Grossular. Wenn noch Spuren von Vanadium- und Chromoxid hinzutreten (zusammen bis 1%), können diese Steine sogar blaugrün werden und alexandritartig nach Purpurn changieren. Solche ausserordentlich seltenen, farbwechselnden Granate findet man im Umbatal (Tansania) und ganz vereinzelt in den Seifen von Sri Lanka.

Grossular $Ca_3Al_2Si_3O_{12}$ enthält immer etwas Pyrop und Almandin in fester Lösung. Die Farbe ist meist gelblich. Rötliche Grossulare werden in der Mineralogie Hessonit genannt. In der Edelsteinkunde schwankt der Gebrauch der beiden Namen, und Steine von Tansania zirkulieren oft als Grossular, solche von Sri Lanka als Hessonit.

Hessonit ist schön gelber oder rotbrauner Grossular von Sri Lanka, ferner von Asbestos (Quebec/Kanada). In der Mineralogie verwendet man den Namen Hessonit ganz allgemein für roten Grossular.

Tsavolith ist chemisch fast reiner Grossular, jedoch mit etwas Vanadiumoxid (in dunkelgrünen Steinen bis 3% V_2O_3) und geringen Spuren von Chromoxid. Schöne Exemplare sind von feinstem, dem Smaragd fast ebenbürtigem Grün. Tsavolith kennt man nur aus dem Süden von Kenia und dem anstossenden Grenzgebiet zu Tansania (Nähe Tsavo-Nationalpark).

Demantoid $Ca_3Fe_2Si_3O_{12}$ aus dem Ural enthält meist Chromoxid, was dem seltenen Stein eine schöne grüne Farbe mit leichtem Stich nach Gelb verleiht. Heute gehören russische Demantoide zu den teuerstbezahlten Granaten, dies vor allem wegen der Seltenheit, weniger wegen der Dauerhaftigkeit, steht doch Demantoid mit Härte 6½ deutlich hinter den anderen Granaten zurück (Härte 7–7½).

Hauptvorkommen

Im Mittelalter und bis in die Neuzeit waren die böhmischen Pyropvorkommen bei Trebnitz (heutige CSSR) an der Spitze der Granatproduzenten. Schöne böhmische Pyrope verwechselte man damals mit Rubin. Roter, chromhaltiger Pyrop half als Leitmineral von Diamantvorkommen, wichtige Diamantlager in Südafrika und Sibirien aufzufinden. Heute kommen die begehrtesten und attraktivsten Granate (Umbalith, Tsavolith, alexandritartiger Granat) aus einer edelsteinführenden Zone im Grenzgebiet von Kenia und Tansania. Vielfältige Granate liefern die Edelsteinseifen von Ratnapura (Sri Lanka), Trincomalee (Sri Lanka), Antsirabe (Madagaskar) und Minas Novas (Brasilien). Für schöne Almandine und Rhodolithe ist Jaipur (Indien) ein wichtiges Fundgebiet, wo allerdings die Steine meist schlecht verschliffen werden. Macon County (North Carolina/USA) produziert heute kaum mehr. Aus dem mittleren Ural stammen die sehr seltenen chromgrünen Demantoide, deren Grösse nur ausnahmsweise ein oder zwei Karat übersteigt. Die schönen Demantoide aus dem Val Malenco (Veltlin/Norditalien)

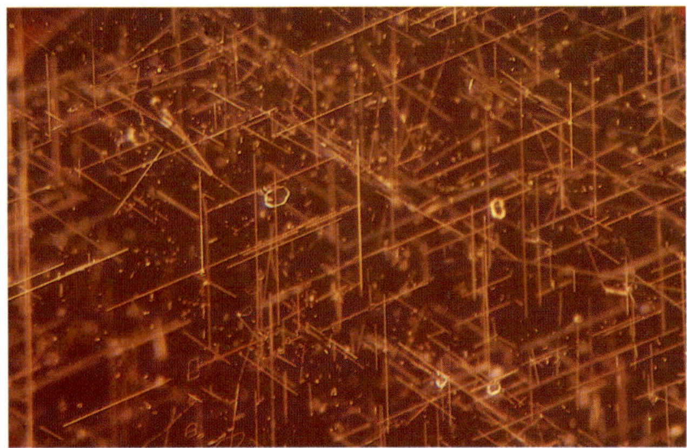

Almandin. Indien. Orientierte Rutilnadeln neben einigen Apatitkriställchen. 50×.

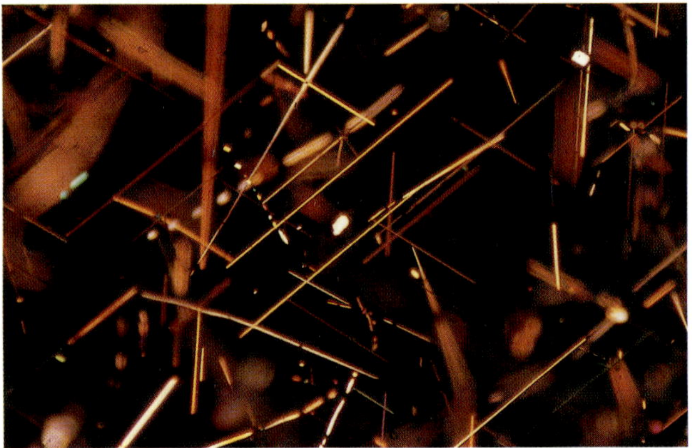

Almandin. Indien. Regellos eingelagerte Rutilnadeln. 100×.

haben nicht als Edelsteine, sondern als ungewöhnliche Mineralstufen den Weg in viele Sammlungen gefunden.

Einschlüsse

Manche Einschlüsse sind für bestimmte Granatvarietäten typisch, lassen aber bei den häufigeren Unterarten die Herkunft kaum ableiten, was auf weltweite Ähnlichkeit der Bildungsbedingungen deutet. Eine beachtliche Familie interessanter Einschlüsse vereinigen Almandin und Rhodolith auf sich mit Apatit, Biotit, Monazit, Zirkon (von Spannungsrissen umgeben) und Rutil (in gekreuzten Nadeln geschart und manchmal Asterismus erzeugend). Nur Spessartin fällt durch die Flüssigkeitströpfchen und «Fahnen» in verheilten Sprüngen etwas aus dem Rah-

Tsavolith. Tansania. «Fahne» aus Negativkristallen (Hohlformen), Endstadium der Ausheilung eines Risses. 30×.

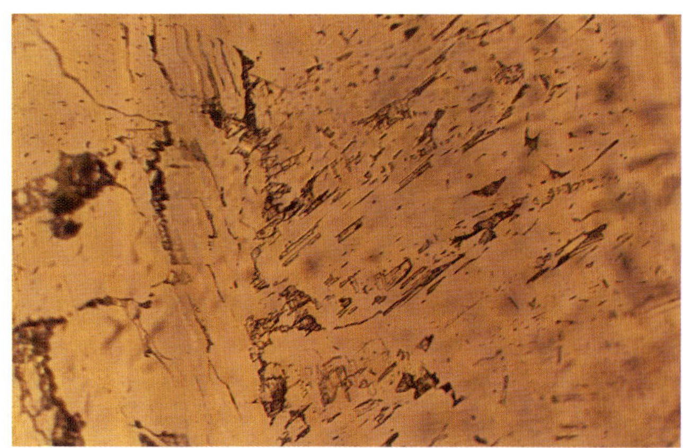

Spessartin. Sri Lanka. Flüssigkeits-«Fahne». 80×.

men, bei Granat ein sonst seltenes Einschlussbild, das an Fetzen eines Schleiers erinnert.

Umbalith von Tansania weist die Gastmineralien Apatit, Zirkon, Rutil und besonders typisch Pyrit auf. Hessonit kann sowohl Apatit wie Calcit enthalten (typisch für Hessonit von Sri Lanka), und im Tsavolith findet man Apatit, Aktinolith, Graphit und Quarz, alles Gemengteile des Muttergesteins dieses grünen Vanadium-Granates. Mit zu den schönsten Einschlussbildern gehören die Aktinolithfasern (Byssolith, Amiant) im chromgrünen Demantoid aus dem Ural. Die haarfeinen Fasern strahlen oft von einem eingeschlossenen Chromitkorn aus, was für den Demantoid ein untrügliches Erkennungsmerkmal darstellt.

Demantoid. Ural. Eingeschlossene Aktinolithfasern. 60×.

Synthesen

Synthesen der natürlich vorkommenden Granate sind nicht im Handel aufgetaucht. Dagegen wird Yttrium-Aluminiumgranat (YAG) $Y_3Al_2Al_3O_{12}$, der strukturell aus AlO_4-Tetraedern anstelle von SiO_4-Tetraedern aufgebaut ist, als Diamantimitation verwendet. Auf diesem Gebiet gibt man aber mehr und mehr der diamantähnlicheren Zirkonia den Vorzug. YAG-Granate enthalten leichtkenntliche Schmelzeinschlüsse. Mit Seltenen Erden und anderen Oxiden als Zusatzmitteln versehen, nehmen YAG-Granate attraktive Farben an, und man hat solche Kunstprodukte anfänglich schon für natürliche Granate gehalten, da die Lichtbrechung von YAG in den Bereich jener der natürlichen Granate fällt. Kürzlich sind im Handel hervorragend gefärbte, reingrüne, künstliche Yttrium-Gallium-Aluminiumgranate aufgetaucht, die mit ihrer beträchtlichen Lichtbrechung den besten Tsavolithen noch überlegen scheinen. Die grüne Farbe verdanken die neuen Kunstgranate einer Beimengung von Chrom- und Nickelspuren. Man kann diese Imitationen an der hohen Dichte, am Absorptionsspektrum und an der chemischen Zusammensetzung erkennen.

Zwei Topase. Links: naturfarbener rosa Topas 18,41 ct aus Pakistan.
Rechts: orange Imperialtopas 9,17 ct aus Brasilien.

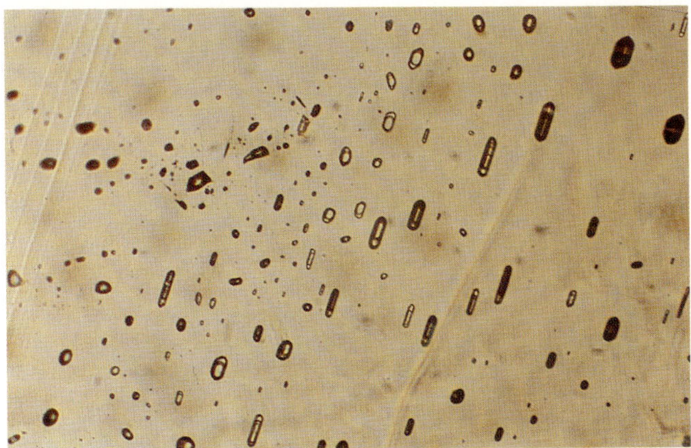

Topas. Brasilien. Primär eingebaute (nicht auf einem Riss entstandene) Negativkristalle parallel zur Vertikalachse. 60×.

Topas. Queensland (Australien). Haarfeine Hohlformen, verschwundene Einschlüsse unbekannter Natur verratend. 25×.

Allgemeines

Die Herkunft des schon im Altertum gebrauchten Namens Topas ist unklar. Früher wandte man die Bezeichnung irreführend auf den ähnlichen, aber viel billigeren Rauchquarz und Zitrin an, da sich mit einem zügigen Namen so mancher Edelstein leichter verkauft. Topas ist ein fluorhaltiges Aluminiumsilikat, das häufig in Pegmatiten und gewissen Graniten vorkommt. Wie bei Aquamarin erstreckt sich der Kristallisationsbereich des edlen Topas weit in die hydrothermale Phase.

Häufig tritt Topas fast farblos auf oder bläulich, aber für einen attraktiven Edelstein zu schwach gefärbt. Die handelsüblichen Farben sind gelb, braun und rötlich, am schönsten jedoch quittenfarben oder orange («sherry»-farben) mit einem von mässigem Pleochroismus herrührenden Wechsel nach Rosa (Imperialtopas). Farbloser Topas gilt nicht viel im Preis, wurde aber schon für Diamant gehalten, so ehedem bei einem grossen Stein in der portugiesischen Königskrone. Sehr grosse, klarblaue Topase, gut geschliffen, bilden auffallende Prunkstücke mancher Edelsteinsammlung. Rosa Topas enthält geringste Spuren von Chrom; er ist fast immer bei etwa 400° gebrannter gelbbrauner Topas aus Brasilien. Topas poliert sich ausgezeichnet, spaltet aber leicht nach der Basis, was den Stein gegen Schlag empfindlich macht.

Hauptvorkommen

Topas wird sowohl aus dem Primärgestein als auch aus Flussablagerungen gewonnen. Die bedeutendste Lagerstätte liegt bei Ouro Preto (Minas Gerais/Brasilien), wo man den orangebraunen Topas grosstechnisch direkt aus mineralisierten Adern des tiefverwitterten, phyllitischen Grundgebirges herauswäscht. Daneben gibt es in allen Erdteilen nutzbare, wenn auch meist wenig bedeutende Vorkommen unterschiedlicher Qualität. Europa besitzt die klassische, erschöpfte Fundstelle am Schnekkenstein (Auerbach/Sachsen). Auch Sri Lanka und Burma liefern etwas Topas. Selten kommt Topas von roter Farbe natürlich vor wie der rosa Topas von Katlang (Pakistan), wo aber fehlerfreie Spitzensteine nur ganz vereinzelt anfallen.

Einschlüsse

Die Einschlüsse im Topas sind nicht herkunftsspezifisch. Am häufigsten beobachtet man nach dem Vertikalprisma (Längsrichtung des Topas) gestreckte Hohlräume, die oft Gas und Flüssigkeit enthalten und verkleinert die Topastracht nachzeichnen (negative Kristalle). Von den zahlreichen, wenig spezifischen Mineraleinschlüssen meist aus pegmatitischer Verwandtschaft erwähnen wir: Albit, Phenakit, Quarz und Apatit.

Synthesen

Die Synthese von Topas ist zwar im Laboratorium gelungen, hat aber keinerlei praktische Bedeutung. Farbiger synthetischer Korund taucht ab und zu als Topasimitation auf. Fast farblose Topase können durch Behandlung mit γ-Strahlung ein tiefblaues Aussehen annehmen. Ein noch tieferes Blau zeigen neutronenbestrahlte Topase, die in der Folge aber eine gefährliche Radioaktivität entwickeln, was diese Steine vom Handel ausschliesst.

Peridot

Peridot und zwei seltene Ceylon-Steine. Unten links: Kornerupin 3,96 ct aus Sri Lanka. Mitte: Sinhalit 8,09 ct aus Sri Lanka. Rechts: Peridot 3,64 ct aus den USA (Arizona).

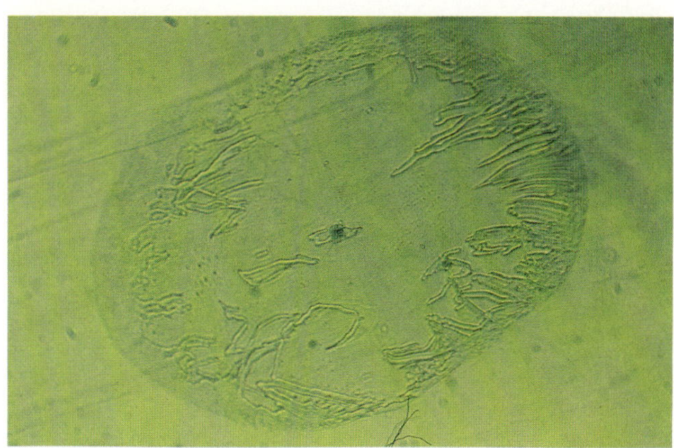

Peridot. Arizona (USA). Flüssigkeitshof um Körnchen von Chrom-Spinell («lily pad»). 90×.

Allgemeines

Peridot nennt der Gemmologe den Olivin von Edelsteinqualität. Olivin kommt als Gemengteil basischer (kieselsäurearmer) magmatischer Gesteine häufig vor, ebenso erscheint das Mineral in magnesiumreichen metamorphen Gesteinen (Beispiel: Serpentinit) und deren Spaltfüllungen. Chemisch handelt es sich um ein eisenhaltiges Magnesiumsilikat, das mit 6½ etwas geringere Härte als Quarz besitzt. Daher leidet die Politur von Peridot mit der Zeit unter Abnützung, und als Edelstein in Armbändern und Fingerringen verwendet man ihn nur mit Zurückhaltung. Peridot ist seit mindestens 3500 Jahren bekannt. Im Mittelalter wählte man ihn oft für Kirchenschätze und verwechselte ihn dabei sogar mit Smaragd. Auch in der Barockzeit stand Peridot hoch im Wert. Der Stein besitzt in schönen Exemplaren eine samtgrüne Farbe, was dem steten Nickelgehalt von ein paar Zehntelprozent zugeschrieben wird. Im übrigen kommen alle Farbtöne von Gelbgrün bis Bräunlich vor, am häufigsten Oliv und Flaschengrün. Weitere Kennzeichen sind glasähnlicher Glanz und kräftige Doppelbrechung, die schon von Auge die Verdoppelung einzelner Facettenkanten erkennen lässt.

Hauptvorkommen

Im Altertum lieferte die wasserlose Insel Seberged (Zabarjad) im Roten Meer auf der Breite des Wendekreises viele ausgezeichnete Peridote. Die schleifwürdigen Kristalle stammen aus Gängen im Dunit (Olivingestein) und Serpentinit. Heute ruht jeder Abbau, der jetzt unter Tag erfolgen müsste und sich niemals lohnte. Wichtige Produzenten sind hingegen Arizona (USA) und Mogok (Burma).

Einschlüsse

Peridot enthält in unreineren Qualitäten als wichtigste Einschlüsse Biotit, Chrom-Spinell und vulkanisches Glas. Statt Chrom-Spinell (Chromit mit wesentlichen Gehalten an Aluminium- und Magnesiumoxid) erwähnt die Literatur oft einfach Chromit. In Arizona-Steinen erwiesen sich aber alle spinellartigen Einschlüsse, die wir analysierten, als Chrom-Spinell. Diese Einschlüsse können in einem Hof mit Flüssigkeitsresten liegen, was etwas an ein Seerosenblatt («lily pad») erinnert.

Im Peridot von Hawaii entdeckt man manchmal kleinste Tröpfchen, die übrigens wegen der Doppelbrechung des Peridots meist zweifach erscheinen. Diese Tröpfchen sind vulkanisches Glas und keine Gasblasen. In diesen Glaseinschlüssen gibt es wiederum noch kleinere Einschlüsse, die nun tatsächlich Gasbläschen sind. Im ganzen liegen also zweiphasige Einschlüsse vor, deren eine Phase aus vulkanischem Glas, deren andere aus Gas besteht. Die Gasbläschen bewegen sich nicht wie Libellen, da ja die andere Phase erstarrt und nicht flüssig ist.

Synthesen

Peridot ist nicht in konkurrenzfähigen Kristallen synthetisiert worden.

Die zwei wichtigsten Quarzvarietäten, beide aus Brasilien. Links: Zitrin 11,2 ct. Rechts: Amethyst 10,5 ct.

Allgemeines

Quarz, chemisch SiO_2, ist Hauptgemengteil vieler Gesteine (Granite, Gneise, Sandsteine) und neben Feldspat die häufigste Mineralart der äusseren Erdkruste überhaupt. Den Namen leitet man von Querz oder Quaderz ab, einem Bergmannsausdruck für quergestellten Gangquarz. Verschiedene Ausbildungen von Quarz kommen edelsteinartig und schleifwürdig vor. Den makrokristallinen, als ansehnliche Kristalle auftretenden Varietäten stehen die kryptokristallinen, dichtfaserigen gegenüber, die man als Chalcedon zusammenfasst und mit mannigfachen Namen belegt: Achat (bläulichgrau, braun oder rot gebändert); eigentlicher Chalcedon (bläulich oder fast weiss); Chrysopras («apfelgrün»); Heliotrop (dunkelgrün mit roten Tupfen); Jaspis (gelb- oder rotbraun fleckig); Karneol (rot bis rotbraun); Lagenstein (Achat mit ebenen, hell und dunkel wechselnden Lagen); Onyx (schwarz); und Sarder (rotbraun). Die meistgeschätzten makrokristallinen Quarze sind Amethyst (violett) und Zitrin (gelb bis goldbraun). Zur makrokristallinen Gruppe gehören ferner: Rosenquarz (meist trüb, mit Spurengehalten von Titan); Prasiolith (grüngebrannte Amethyste einiger spezieller Vorkommen); Rauchquarz (braun); Bergkristall (farblos, Verwendung für Unterlagen, Dubletten, Imitationen); und Aventurin (Bergkristall mit dichter Einlagerung von grünem, schillerndem Chrom-Glimmer).

Amethyst, violetter Quarz, verdankt seine typische, unter allen Quarzvarietäten am meisten geschätzte Farbe einem Einbau von Eisenspuren, die in der Atomstruktur Störstellen erzeugen und so die Anlage von Farbzentren während des Wachstums oder hernach durch Strahlung ermöglichen. Der Name Amethyst ist griechisch und bedeutet soviel wie «nicht betrunken». Die alten Griechen sollen Wein aus Amethystbechern getrunken haben. Amethyst diente als Amulett gegen Trunkenheit und als Stein mit magischen Kräften. Die Kristalle sind oft zonargefärbt, im Vergleich zu Bergkristall gern kurzgedrungen, stets auf einer Unterlage aufgewachsen und meist an der Spitze am schönsten beschaffen. Das Brennen bei 400–500° führt Amethyst in gelbbraunen Zitrin über. Manchmal entstehen beim Ausheizen auch grünliche Steine (Prasiolith). Durch Brennen oberhalb 600° werden die Steine farblos und anschliessend trüb.

Zitrin ist im Naturvorkommen ohne vorausgegangene künstliche Wärmebehandlung oft zitronengelb, durch Erhitzen kann er dunkelgelb bis hellbraun werden. Die meisten Zitrine sind aber bei 400–500° gebrannte Amethyste. Steine mit schönen, intensiv goldbraunen Farbtönen heissen auch Madeira- oder Palmeira-Zitrine, eine Bezeichnung von früher, als man Zitrine noch unter dem falschen und irreführenden Namen «Topas» vertrieb, was beim Publikum leichter verfing als ein schlecht eingeführter Ausdruck wie Zitrin. Es wird gesagt, dass durch Brennen farbveränderte Zitrine keinen Dichroismus zeigen, während unbehandelte Zitrine etwas dichroitisch sind. Ein absoluter Verlass besteht auf diese Unterscheidung nicht, aber das Brennen von Zitrin bei den angewendeten Temperaturen hat ohnehin keinen Einfluss auf die Beurteilung eines Steins, sofern die Farbe lichtecht bleibt.

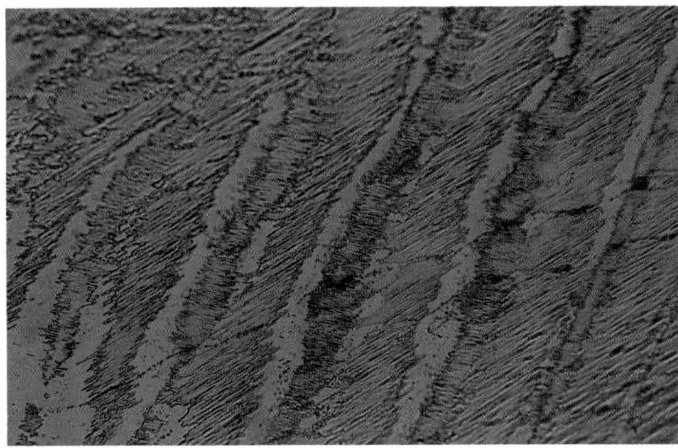

Amethyst. Uruguay. Gebänderte Flüssigkeits-«Fahne» («Zebrastreifung»). 80×.

Hauptvorkommen

Die wichtigsten Amethystvorkommen ziehen sich von Rio Grande do Sul (Brasilien) ins nördliche Uruguay und sind an Hohlräume (Mandeln) in den ausgedehnten Deckbasalten gebunden. Viele weitere Fundstellen feiner Amethyste liegen noch anderswo in Brasilien, in Madagaskar und in Sambia. Naturfarbener Zitrin stammt aus Brasilien und Madagaskar, Rosenquarz hauptsächlich von Rio Grande do Norte (Brasilien) und wiederum Madagaskar. Neue, reiche Lager von vorzüglichem Chrysopras, dem höchstbewerteten Chalcedon (2% Nickelgehalt), beutet man im Osten von Queensland (Australien) aus.

Einschlüsse

Wegen der weiten Verbreitung und vielfältigen Entstehung findet man im Quarz alle nur erdenklichen Mineralien eingeschlossen, was vor allem den Sammler interessiert. Von allgemeinerem Vorkommen sind Wachstumszonen (Beispiel: Phantomquarz), Flüssigkeitseinschlüsse in Form negativer Kristalle und schliesslich eingewachsener Rutil, Turmalin sowie Pyrit. Daneben gibt es aber auch völlig wasserklare Quarze von optisch perfekter Durchsichtigkeit. Gemmologische Bedeutung erlangen die Innenstrukturen beim Amethyst wegen des Auftauchens schwer unterscheidbarer synthetischer Steine. Charakteristisch, aber nicht immer vorhanden sind in natürlichen Amethysten lamellare Verzwillingungen, geschwungene «Fahnen», «Zebrastreifung» (in Bändern angeordnete, feine Flüssigkeitseinschlüsse) und Goethiteinlagerungen («Kaulquappen», «Büschel»).

Synthesen

Quarz wird zur Gewinnung der im Naturvorkommen seltenen unverzwillingten Kristalle industriell gezüchtet. Dabei muss man von einer Quarzplatte als Keim ausgehen, da die Kristallisation grosser Individuen nicht von selbst einsetzt. Die Hydrothermalsynthese erfolgt in alkalischer Lösung in vertikalen Autoklavenrohren, die unten wärmer und oben kühler sind. So erhält man mit der Nährsubstanz (SiO_2) unten bei 400°, den Keimplatten oben bei 360° und einem Druck von 1500 Atmosphären ein Wachstum von einem Millimeter pro Tag.

Obwohl bis vor kurzem synthetischer Quarz nicht als wirtschaftlich lohnendes Material für Schmuckzwecke galt, tauchen vermehrt synthetische Amethyste und Zitrine aus Russland, neuerdings auch aus den USA und Japan auf. Diese Synthesen sind nicht mit voller Sicherheit zu erkennen, vor allem nicht, wenn sich einzelne synthetische Steine unter natürlichen verbergen. Synthetischer Amethyst kann ebenso farbzoniert sein wie natürlicher. Im Gegensatz zu Amethyst gelingt die Rauchquarzherstellung nicht hydrothermalsynthetisch, wohl aber kann man Bergkristall (natürlichen und synthetischen) durch künstliche Bestrahlung rauchig färben. Rauchquarz verliert die Rauchfarbe bei Temperaturen von 200–300°.

Drei australische Opale. Oben: Schwarzopal 4,93 ct mit blau-grünem Farbspiel. Mitte rechts: Boulder-Opal 9,04 ct. Unten: semi-black 6,73 ct.

Opal 19,45 ct aus Australien mit herrlichem Farbspiel. Die Entstehung der Farben hängt mit den auf Seite 20 abgebildeten, regelmässigen Strukturen zusammen.

Allgemeines
Der Name Opal wird von einem Sanskritwort für Stein hergeleitet, einer eher banalen Bezeichnung bei einem so einzigartigen Juwel. Kein anderer Edelstein vermag die spektrale Farbenpracht derart vollkommen aus seinem Innern hervorzuzaubern und in einem buntschillernden, mit der Richtung wechselnden Nebeneinander zu entfalten wie Opal. Das Mineral besteht aus amorphem, wasserhaltigem Siliziumdioxid, das als kleine Kügelchen vorliegt (Grössenordnung: Zehntausendstelmillimeter). Sind die Kügelchen über einen Bereich hin alle gleich gross und völlig regelmässig aufeinandergestapelt, so vermögen sie einfallendes Licht abzubeugen und in die Spektralfarben zu zerlegen (räumliches Diffraktionsgitter). Das Aneinanderstossen verschieden orientierter Bereiche erzeugt die fleckenhafte Farbverteilung. Beim Kippen eines feinen Opals können einzelne Bereiche ihre Spektralfarbe von Rot über Gelb nach Grün, Blau und Violett wechseln. Diese dem Opal vorbehaltene Eigenschaft heisst Farbspiel.

Das Farbspiel des Opals stellt einen optischen Effekt der Lichtbeugung dar und ist nicht mit der wahren Farbe des Minerals zu verwechseln, die von den Spektralfarben mehr oder weniger überdeckt wird. Die Eigenfarbe (Körperfarbe, background) der Opalsubstanz kommt nur an Stellen zum Ausdruck, wo das Farbspiel fehlt. Aufgrund dieser Eigenfarbe unterscheidet man eine Reihe von Opalvarietäten: Weissopal (Edelopal im engeren Sinn), semi-black, Schwarzopal (am teuersten), Wasseropal (durchsichtig), crystal opal (durchsichtig mit intensivem Farbspiel) und Feueropal (orange). In dünnen Schichten sind alle Opale durchscheinend, sonst könnte gar kein Farbspiel entstehen. Opale mit Farbspiel werden flach oder cabochon geschliffen.

Opal ist ein völlig einmaliger Edelstein im Mineralreich. Er bildet keine Einzelkristalle und gehört also mindestens teilweise zu den wenigen amorphen Mineralien; teilweise allerdings bestehen die Kügelchen bei einzelnen Opalen auch aus Cristobalit (metastabile kristalline Modifikation von SiO_2). Die Entstehung des seltsamen Farbsteins hängt mit langsamen Umlagerungen im Verlauf geologischer Zeiträume in der Nähe des Grundwasserspiegels zusammen. Die wichtigeren Opalfelder Australiens sind rein sedimentäre Bildungen, alle anderen Vorkommen (Ungarn, Mexiko, Brasilien) stehen mit vulkanischen Gesteinen in Verbindung. Die guten Opaladern liegen in Australien 10–40 Meter tief; denn an der Oberfläche «verbrennt» der Opal, er verliert seine Lebhaftigkeit.

Der meiste Opal ist milchigweiss, frei von Farbspiel und wertlos (potch). Wirklich feine Ausbildungen mit ausgesuchtem Farbspiel gehören wegen der grossen Seltenheit heute zu den extrem teuer bezahlten Edelsteinen, nach der Meinung vieler Liebhaber auch zu den schönsten. Opal hat in der Ringparabel von Lessings Nathan dem Weisen ein unvergängliches literarisches Denkmal bekommen, geriet aber im letzten Jahrhundert etwas in den Verruf eines Unglückssteins. Schuld daran war die Empfindlichkeit der Opalsubstanz, dann die Erschöpfung der ungarischen Lager, die nur noch rissige Steine aus dem Grundwasserbereich hervorbrachten. Als 1890 die ersten, vorzüglichen australischen Opale auf dem europäischen Markt erschienen, wurden sie anfänglich als Fälschungen zurückgewiesen.

Den Feueropal gibt es gelb oder rot durchsichtig, mit oder ohne Farbspiel. Rot heisst er auch cherry opal. Die Varietät ohne Farbspiel wird facettiert geschliffen, obwohl sich das Material wegen der allgemeinen Empfindlichkeit schlecht als Ringstein eignet. Boulder-Opale aus Queensland umfassen hervorragend schöne Opale, die als dünne Adern harte Blöcke von eisenschüssigen Kieselkonkretionen durchsetzen und die mitsamt ihrer dunkelbraunen Unterlage aus anhaftendem Nebengestein verschliffen werden. Matrix-Opale enthalten viel poröses Nebengestein, und man färbt sie oft künstlich schwarz.

Ein Nachteil aller Opale ist die geringe Dauerhaftigkeit, die vom Besitzer besondere Vorsicht verlangt. Wegen der mässigen Härte (6) geht die Politur leicht verloren. Opal kann mit der Zeit auch austrocknen und kraqueliert (haarrissig) werden. Im weiteren ist die Empfindlichkeit gegen alle möglichen chemischen Einflüsse (Säure, Lauge, Fett), aber auch gegen Sonne und Hitze hervorzuheben. Opal eignet sich vornehmlich für Anhänger, Broschen und als gesuchtes Sammlerobjekt von einzigartiger Farbschönheit; denn jeder Opal ist von jedem anderen wieder verschieden.

Hauptvorkommen

Opal war schon um 400 v.Chr. von den nordungarischen (heute tschechischen) Lagerstätten in den ostslowakischen Vulkanablagerungen bekannt. Belege für die vorzügliche Qualität der ungarischen Weissopale kann man noch in Museen bewundern. Heute findet kein Abbau mehr statt, auch weil die Steine, die noch in grösserer Tiefe in der Feuchtigkeit des Grundwassers lagern, an der Luft bald rissig würden. Opal ist der Edelstein Australiens, und Australien ist das Land der schönsten Opale. Wirklich feine Steine tauchen aber immer seltener auf und erzielen astronomische Preise. Die Hauptproduktion stammt aus dem Bundesstaat South Australia (Andamooka, Coober Pedy), während New South Wales (Lightning Ridge) früher die begehrten und heute seltenen Schwarzopale lieferte. Boulder-Opale haben meist Queensland (Quilpie) als Heimat. Das klassische Land der Feueropale und Wasseropale ist Mexiko (Querétaro), wo dafür die anderen Varietäten des Opals bedeutungslos bleiben. Die neuen brasilianischen Opale aus dem Staat Piaui erreichen ebenfalls nicht die Feinheit der australischen Steine.

Einschlüsse

Bei den niederen Bildungstemperaturen von Opal (unter 100°) fehlen kristallisierte Einlagerungen oder sind belanglos. In mexikanischen Opalen findet man Goethit und Quarz, der vom Nebengestein hereinragt, während australische Opale mit ihrem intensiven Farbspiel den Blick ins Innere ohnehin verwehren.

Synthesen

Opal wird wegen der Seltenheit schöner Exemplare mannigfach behandelt, aber auch nachgeahmt. Da schon eine dünne Schicht für die Erzeugung eines intensiven Farbspiels genügt, werden schöne Opale, besonders auch wenn sie für massive Steine zu dünn sind, in Plättchen gesägt und zu Dubletten verarbeitet (Mindestdicke der Opalschicht 0,5 Millimeter), neuerdings auch zu Tripletten (Dicke der Opalschicht 0,3 Millimeter). Als Unterlage verwendet man billigen Opal ohne Farbspiel (potch), Onyx oder schwarzes Glas. Bei Tripletten deckt man den Opal zusätzlich mit einem Bergkristall-Cabochon ab. Wegen der geringen Dicke der Opalschicht kommt das Farbspiel bei Dubletten und Tripletten niemals aus der Tiefe wie bei ausgesuchten massiven Steinen (solids), die daher unvergleichlich viel teurer sind. Anderseits verschleift man dünne Naturadern von Opal gern mit der angewachsenen Unterlage zu «natürlichen Dubletten». Fast alle geschliffenen Boulder-Opale gehören hierher. Weissopal und poröser Matrix-Opal werden oft schwarz nachgefärbt und als Schwarzopal-Imitationen gehandelt.

Synthesen im strengen Sinn gibt es nicht von Opal, da alle Nachahmungen mehr oder weniger stark vom natürlichen Vorbild abweichen. «Opalsynthesen» von Gilson zeigen im Mikroskop eine auffällige Wabenstruktur, die bei natürlichen Opalen fehlt. Im Naturstein gehen die einzelnen Farbflecken sanft ineinander über. Eindeutig zu den Imitationen zählen der opalisierende Slocum stone (ein Glas mit feinsten opalisierenden Einlagerungen) und der Latex-«Opal» aus Japan (Plastik-Opalimitation). Die Herstellung solcher Kunststoff-«Opale» beruht auf der Übereinanderstapelung von Polyesterkügelchen anstelle von Kieselsäurekügelchen.

Drei gelbliche Sammlersteine. Links: Skapolith 5,77 ct aus Namibia. Oben: Orthoklas 15,59 ct aus Madagaskar. Rechts: Brasilianit 7,46 ct aus Brasilien.

Zwei seit dem Altertum geschätzte Edelsteine. Links: Türkis 59,9 ct aus Persien. Rechts: Lapislazuli 24,6 ct, mit Pyrit und Calcit vermengt, aus Chile (die klassischen Vorkommen sind in Afghanistan).

Andalusit Al_2SiO_5 ist für seinen starken Pleochroismus bekannt, der denjenigen des ähnlichen Turmalins noch übertrifft. Die übliche Farbe ist ein eigenartiges Grünbraun, das beim Kippen der Steine nach Gelblich und Rötlich wechseln kann. Andalusit stammt meist aus Brasilien oder Sri Lanka.

Apatit, ein fluorhaltiges Calciumphosphat, hat für einen Edelstein zu geringe Härte (5) bei sonst angenehmen Farbtönen von Gelb, Grün, Blau und Violett. Er kommt in klaren Ausbildungen an vielen Stellen vor, so auch in Burma und Sri Lanka.

Brasilianit ist ein basisches Natrium-Aluminiumphosphat von schön gelber Farbe und mässiger Härte. Der Name des Minerals leitet sich vom Herkunftsland Brasilien ab.

Ekanit von Sri Lanka erregte anfänglich Verdacht, weil er nur geschliffen in den Handel kam und weil das radioaktive Mineral als Folge der Eigenstrahlung röntgenamorph (metamikt) ist. Es gilt erst seit 1961 als neue Mineralart, erscheint dunkel grünlichbraun und hat eine chemische Zusammensetzung entsprechend der Formel $ThCa_2Si_8O_{20}$.

Euklas ist ein fast farbloses, selten tiefblaues Beryllium-Aluminiumsilikat, das sich wegen seiner vorzüglichen Spaltbarkeit schwierig schleift. Euklas hat gewisse Ähnlichkeit mit hellgrünem Spodumen und stammt aus Brasilien, ferner aus Zimbabwe in einer leicht eisenhaltigen, tiefblauen Ausbildung.

Idokras (Vesuvian), ein sehr kompliziertes Calcium-Aluminiumsilikat, wird in gelbbraunen, klaren Steinen, aber auch in grünen, derben Varietäten als Jadeersatz verarbeitet. Das an Granat erinnernde Edelsteinmineral hat verschiedene Fundorte, darunter auch Kenia.

Iolith (Cordierit) erinnert mit seiner blauen Farbe etwas an Saphir, besitzt aber extremen Pleochroismus (Wechsel von Gelb nach Violettblau in polarisiertem Licht) und niedere, quarzähnliche Lichtbrechung. Chemisch liegt ein Magnesium-Aluminiumsilikat vor, das nicht selten Hämatit- und Ilmeniteinlagerungen zeigt. Bekannte Vorkommen sind Sri Lanka, Indien und Burma.

Jadeit heisst der mineralogische Bestandteil des edelsten Jade, des Jadeit-Jade, dessen einziges wichtiges Vorkommen in Oberburma liegt (120 Kilometer westlich von Myitkyina). Häufiger und wohlfeiler ist der Nephrit-Jade. Jadeit gehört zur Augitgruppe, ist halbdurchscheinend, oft etwas marmoriert und bildet im Jade ein durch extreme Zähigkeit ausgezeichnetes Gemenge. Von den verschiedenen Farbvarietäten ist der chromgrüne, in ganz seltenen Stücken fast durchsichtige Imperialjade am begehrtesten, den man zu Schmuckgegenständen, Ketten und Anhängern verarbeitet. Im vorkolumbischen Mittelamerika galt Jade als das kostbarste Material. Hier kommen häufig auch chemische Mischglieder von Jadeit und Diopsid vor. In China verehrt man den Jade noch heute, doch bestehen frühere Schmuckarbeiten fast ausnahmslos aus dem häufigeren Nephrit-Jade, während man den Jadeit-Jade erst seit dem achtzehnten Jahrhundert aus Burma einführt. Für den teuren, echten Jade werden oft mit betrügerischem Ziel zahlreiche billige Ersatzprodukte angeboten, die von grünem Vesuvianfels,

Granat, dichtem Fuchsit (Chrom-Glimmer), Chrysopras (grünem Nickel-Chalcedon), Serpentin (new «jade») bis zu grün gefärbtem Marmor und Quarz reichen.

Kornerupin als dunkel braungrüner Edelstein stammt meist von Sri Lanka, daneben gibt es sehr seltenen hellgrünen Vanadium-Kornerupin von Kenia. Chemisch handelt es sich um ein Magnesium-Aluminiumsilikat mit dem Element Bor.

Labrador ist ein dunkelgraues Glied der Plagioklasreihe (Natrium-Calciumfeldspäte) und nur in der labradorisierenden, schillernden Abart von gemmologischem Interesse. Die schönsten Spektralfarben zeigt der Labrador von Südostfinnland. Weitere Vorkommen sind in Madagaskar.

Lapislazuli besteht zur Hauptsache aus einer Mineralphase, die dem blauen Farbstoff Ultramarin entspricht. Die Farbe hängt mit strukturell eingebauten Schwefelgruppen zusammen. Das schönste Vorkommen dieses seit Urzeiten begehrten Minerals (oder Gesteins) liegt im nordöstlichsten Afghanistan, weitere Herkunftsländer sind Südsibirien und für weniger gute Qualitäten Chile. Lapislazuli wird zu Siegelringen, Ketten und Schalen verarbeitet.

Nephrit ist der Bestandteil des Nephrit-Jade und gehört zur Hornblendegruppe. Der weitaus häufigere Nephrit-Jade steht in allen Teilen dem viel selteneren Jadeit-Jade mehr oder weniger nach, aber eine Unterscheidung von blossem Auge ist nur dem im Umgang mit Jade Vertrauten möglich. Nephrit-Jade kommt auch in den Alpen vor (Beispiel: Puschlav/südliches Graubün-

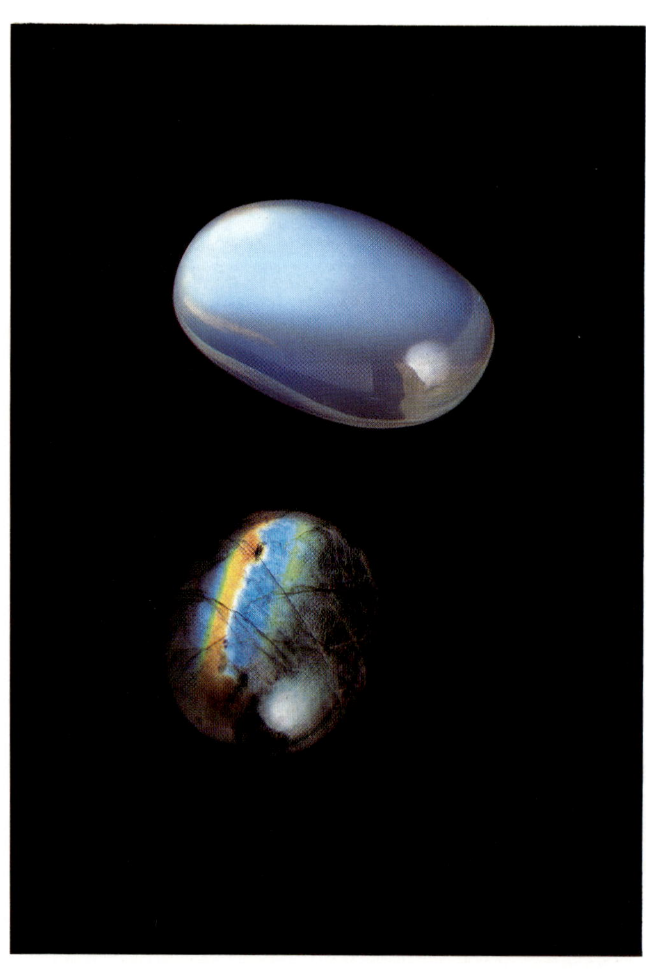

Zwei Edelsteine der Feldspatgruppe. Oben: Mondstein 71,9 ct aus Sri Lanka. Unten: Labrador 27,3 ct aus Finnland.

Drei ungewöhnliche Sammlersteine. Links: Andalusit 6,08 ct aus Brasilien. Mitte oben: Sillimanit 3,47 ct aus Burma. Rechts: Iolith 2,08 ct aus Sri Lanka.

den), dagegen kennt man hier den Jadeit-Jade nicht. Ausnahmen bilden einige prähistorische Artefakte, deren Ursprung möglicherweise in Flussgeschieben liegt, während die Lagerstätten längst der Erosion anheimgefallen sind.

Orthoklas, ein Kaliumfeldspat, wird in gelben, klaren Kristallen aus Madagaskar verschliffen. Weit wichtiger ist hingegen die Edelsteinvarietät Mondstein, natriumhaltiger Kaliumfeldspat mit einem zartblauen Schiller, der durch Lichtstreuung an dünnentmischten Lamellen von Natriumfeldspat entsteht. Die besten Mondsteine kommen aus Sri Lanka, nicht ganz dieselbe Qualität erreichen Steine von Indien und anderswo. Im Mikroskop können Mondsteine eigenartige Spannungsrisschen zeigen, die an Tausendfüssler erinnern.

Painit $CaZrBAl_9O_{18}$ findet hier Erwähnung als seltenster Edelstein der Welt. Nur drei granatrote, kleine Kriställchen von Mogok (Burma) sind bekannt, wo Painit mit Spinell zusammen vorkommt. Zwei der Steinchen verwahrt das Mineral Department des British Museum in London.

Rutil tritt kaum je schleifwürdig in der Natur auf, hat aber als Einschlussmineral in vielen wichtigen Edelsteinen erhebliche Bedeutung. Rutil TiO_2 sticht durch die hohe Lichtbrechung (höher als bei Diamant) und die extreme Doppelbrechung (grösser als bei Calcit) heraus.

Sillimanit Al_2SiO_5 hat dieselbe Zusammensetzung wie Andalusit, aber andere Kristallstruktur (Polymorphie). Klare bläuliche und graue Steine kommen von Mogok (Burma), grünliche und bräunliche meist von Sri Lanka.

Sinhalit $MgAlBO_4$ hat dieselbe Kristallstruktur wie Olivin, aber eine ganz andere Zusammensetzung (Isotypie). Sinhalit, der meist von Sri Lanka stammt, gleicht in fast allen Eigenschaften braunem Peridot (Olivin), für den er auch bis 1952 gehalten wurde.

Skapolith bildet eine ähnliche Mischkristallreihe wie die Plagioklasgruppe. Edle Ausbildungen in attraktiven, zarten Tönen von Rosa, Orange und Gelb kennt man von Burma, Ostafrika, Brasilien und Madagaskar.

Sodalith gleicht dem selteneren Lapislazuli, in welchem übrigens etwas Sodalith als Mischglied enthalten ist. Sodalith erreicht nie das feine Ultramarinblau des echten Lapislazuli, enthält nur ausnahmsweise Pyritkörner und unterscheidet sich vor allem durch viel niedrige-

Zwei Spodumene. Oben: Kunzit 7,50 ct aus Madagaskar. Unten: Hiddenit 7,26 ct aus den USA (North Carolina).

res spezifisches Gewicht von seinem edleren Verwandten. Die wichtigsten Quellen der viel verarbeiteten, blauen Sodalithvarietät sind Bahia (Brasilien), Ontario (Kanada) und Nordnamibia.

Spodumen, der Lithiumaugit, tritt in zwei edlen Spielarten auf, als lilarosa Kunzit und als grüner, chromgefärbter Hiddenit. Spodumen geniesst in Nordamerika grössere Wertschätzung als in Europa, liegen doch die wichtigsten, pegmatitischen Vorkommen hauptsächlich in den USA und Brasilien, dazu in Madagaskar. Spodumen ist wegen der guten Spaltbarkeit ein heikler Stein.

Taaffeit, dessen Formel $BeMg_3Al_8O_{16}$ erst neulich richtig erkannt wurde, besitzt grosse Ähnlichkeit mit Spinell, kristallisiert jedoch hexagonal (nicht kubisch). Der sehr seltene Edelstein von Sri Lanka ist meist blasslila oder malvenfarbig.

Tansanit ist herrlich violettblauer Zoisit (Calcium-Aluminiumsilikat) aus Nordtansania. Für einen vollkommenen Edelstein reicht allerdings die Härte nicht aus, sonst würde dem Saphir bald eine Konkurrenz erwachsen. Praktisch aller Tansanit ist zur Farbverbesserung bei 400° gebrannt. Auch braune Kristalle nehmen dann eine ultramarinblaue bis purpurblaue Farbe an (Dichroismus). Naturblaue Tansanite unterscheiden sich von gebrannten durch einen Braunton in einer der Schwingungsrichtungen, der beim Brennen ebenfalls verschwindet.

Türkis ist ein wasserhaltiges Kupfer-Aluminiumphosphat und einer der wenigen sedimentären Edelsteine, deren Bildung also mit der Verwitterung zusammenhängt. Da Türkis besonders in Trockengebieten bei Anwesenheit von Kupfer relativ häufig entsteht und durch die schöne, himmelblaue Farbe auffällt, ist er ein uralter Schmuckstein, der von den alten Ägyptern (Türkis von der Westseite der Sinai-Halbinsel) und den Azteken (Türkis von New Mexico/USA) hoch geschätzt wurde. Die besten Qualitäten stammen von der Nordostecke Irans, viel Türkis wird auch im Südwesten der USA gewonnen und verarbeitet. Wegen der Porosität und allgemeinen Empfindlichkeit des Materials sucht man mit Imprägnationsverfahren die Dauerhaftigkeit zu verbessern (siehe Seite 23).

Zirkon ist $ZrSiO_4$ mit erheblichen Gehalten an den radioaktiven Elementen Uran und Thorium. Durch die Eigenstrahlung kann das Kristallgitter völlig in Unordnung geraten, und das Mineral wird röntgenamorph (Metamiktisierung), wobei Lichtbrechung und Dichte infolge Gitteraufweitung ganz erheblich schwinden. Durch Erhitzen auf 1500° kann der kristalline Zustand wiederhergestellt werden. Unter den schleifwürdigen Zirkonen sind fast nur die dunkelgrünen metamikt. Rotbraune (völlig überflüssigerweise Hyazinth genannt) werden in grossem Stil durch unterschiedliche Brennprozesse bei 1000° in die begehrten farblosen, himmelblauen und goldgelben Zirkone verwandelt, von denen die farblosen wegen übereinstimmender Dispersion als gute Diamantimitationen dienen. Geschliffene Zirkone brechen an den Kanten leicht aus. Hauptlieferant ist Kambodscha, geringere Bedeutung haben Sri Lanka und New South Wales (Australien).

Orientierte Mineraleinschlüsse

Asterismus und Chatoyance

Zwei Chrysoberyll-Katzenaugen. Oben: 16,02 ct aus Sri Lanka. Unten: 2,19 ct aus Indien.

Mit Asterismus bezeichnet man die Erscheinung eines weissen Sterns über einem mugelig geschliffenen Edelstein, mit Chatoyance (Katzenaugen-Effekt) das Auftreten eines einzelnen gewölbten Lichtstreifens («wogender Schein»), der ebenfalls über der gewölbten Fläche des Steins wie losgelöst zu schweben scheint. Der Name Asterismus verweist auf die Astronomie (Stern), der Name Chatoyance auf die Zoologie (chat, Anspielung auf die schlitzförmige Pupille einer Katze). Die Lichtphänomene zeigen sich besonders deutlich im parallelstrahligen Licht der Sonne, während diffuse Beleuchtung und Röhrenlicht keine scharfen Streifen erzeugen. Die Ceylonesen sagen, ein Sternsaphir strahle am schönsten in der tropischen Sonne Sri Lankas. Sternsteine und Katzenaugen fanden vor dem Ersten Weltkrieg wenig Beachtung und kamen nur allmählich in Mode. Dies veranlasste die Ceylonesen, alte Gruben wieder zu beleben und nach den früher übergangenen Korunden mit orientierten Einschlüssen zu suchen.

Dass die faszinierenden Lichterscheinungen tatsächlich reelle Abbildungen über der Steinoberfläche darstellen, erkennt man beim Einstellen eines Mikroskops oder einer Spiegelreflex-Kamera auf einen Sternstein oder ein Katzenauge. Das Verblüffendste ist das Wandern der Lichterscheinungen. Beim Kippen des Steins vom Betrachter weg huschen die Lichtstreifen in der gleichen Richtung über die Oberfläche davon und verschwinden hinter dem Stein. Beim Kippen auf den Betrachter herzu gleiten die Lichtgebilde über die zugewandte Seite des Steins herunter. Lässt man dagegen den Stein ruhen und bewegt den Kopf darüber hinweg, so wandert jeweilen der Lichtschein genau in entgegengesetzter Richtung zu einem selbst.

Ein Katzenauge kann man als einen Stein mit zweistrahligem Stern auffassen. Sternsteine im engeren Sinn haben demgegenüber einen vier- oder sechs-, selten acht- oder zwölfstrahligen Stern. In jedem Fall sind ultrafeine, längliche, parallel ausgerichtete Einlagerungen im Wirtkristall die Ursache von Asterismus und Chatoyance. Die Lichtstreifen stehen jeder mehr oder weniger senkrecht auf einer der Faserrichtungen der Einschlüsse (streng gilt diese Beziehung nur bei genau zentrierter Versuchsanordnung: symmetrische Lage der Cabochon-Oberfläche zu den Einschlüssen, zentraler Lichteinfall und zentrale Betrachtungsrichtung). Sternsteine und Katzenaugen sind durchsichtig bis trüb und werden wie undurchsichtige Steine mugelig (halbkugelig, sphärisch) als sogenannte Cabochons verschliffen.

Einen Stern kann man in verschiedener Weise auch an einer ebenen Fläche eines Sternsteins sichtbar machen, sofern die Fläche ungefähr parallel zu den Einschlüssen liegt. Die Thai geben einen Tropfen Wasser (besser: Öl) auf die Bruchfläche eines Saphirs und halten ihn in die Sonne, um festzustellen, ob ein Sternstein vorliegt. Der Tropfen wirkt als Sammellinse wie die Cabochon-Oberfläche eines Sternsaphirs. Ferner gelingt die Abbildung des Sterns sehr schön, wenn man in einem verdunkelten Raum den plangeschliffenen Stein mit einer punktförmigen Lichtquelle (am besten: Laser) anstrahlt (Achtung: Laserstrahl nicht auf die Augen richten!). Das zurückge-

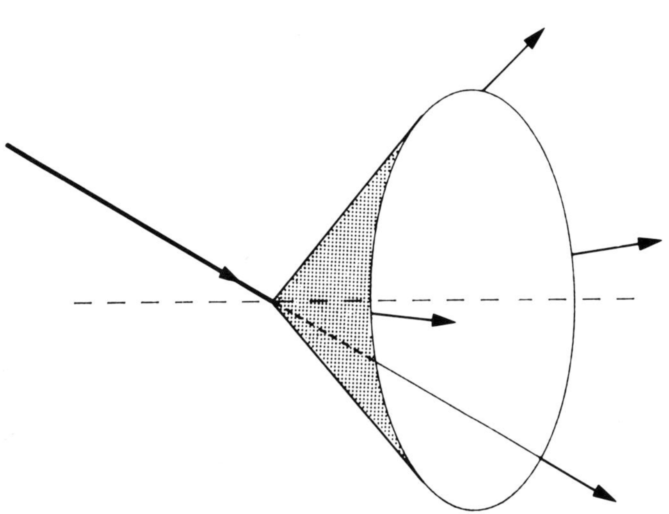

Streuung eines schrägeinfallenden Lichtstrahls (dicke Linie) an einem dünnen Zylinder (gestrichelte Linie). Die Verlängerung des Lichtstrahls ist eine Mantellinie des entstehenden Streukegels. Original A. Wüthrich.

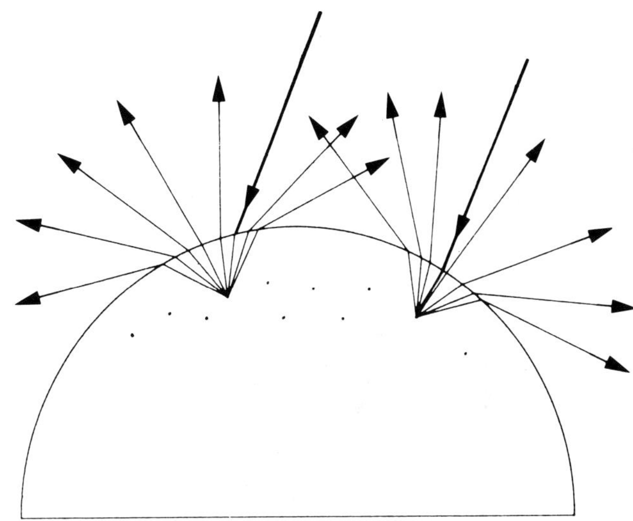

Streuung parallelstrahligen Lichtes an den Einschlüssen eines Katzenauges. Das Lichtband liegt über der Steinoberfläche in der Zeichenebene. Original A. Wüthrich.

streute Licht erzeugt auf einem weissen Schirm einen bis metergrossen Stern. Schliesslich kann man auch den Stern bei völlig entspanntem, auf Unendlich akkommodiertem Auge wahrnehmen, indem man die plane Fläche vor das Auge hält und von hinten beleuchtet (Achtung: für diesen Versuch auf keinen Fall Laserlicht verwenden!).

Asterismus und Chatoyance lassen sich auf die Streuung elektromagnetischer Strahlung an einem extrem dünnen Zylinder (Mineraleinschluss) zurückführen. Der Zylinderdurchmesser kann einen Bruchteil der Lichtwellenlänge betragen (Zehntel oder Hundertstel eines Tausendstelmillimeters), aber auch wesentlich dickere streuende Elemente (Hundertstelmillimeter) ergeben einen wenn auch groben und unscharfen Stern. Das Streulicht bildet einen Kegel, der sich der Verlängerung des Lichtstrahls anschmiegt. Bei senkrechtem Auffall wird das Licht in einer Ebene rund um die Mineralfaser gestreut. Beim Sternsaphir liegen entsprechend der trigonalen Symmetrie drei Systeme paralleler streuender Einschlüsse vor. Sie sind in der Basisebene des Korunds angeordnet und zwar parallel zu den drei a-Achsen (Titanohämatit; schwarzer Sternsaphir) oder senkrecht zu den a-Achsen (Rutil; blauer Sternsaphir). Bei bloss einem System von Einschlüssen entsteht ein Katzenauge (Beispiel: Chrysoberyll-Katzenauge).

Zwei Sternsaphire aus Thailand mit erkennbarem Zonarbau. Links: 9,38 ct, schwarz-golden. Rechts: 9,55 ct, blau.

Sternsteine besitzen für manchen Sammler und Liebhaber des Aussergewöhnlichen eine besondere Faszination. Die bekanntesten und begehrtesten unter diesen lichtsammelnden Cabochons, aber lange nicht die einzigen, sind die Sternkorunde mit dem Sternrubin (rot) und den Sternsaphiren (hauptsächlich blau und schwarz). Ordnet man die Sternkorunde nach dem Handelswert, so erscheinen die schwarzen Sternsaphire zuunterst. An ihnen ist das Phänomen der Sternbildung besonders eingehend untersucht worden.

Die «schwarzen» Sternsaphire haben diesen Namen trotz ihrem braunen (und nicht schwarzen) Aussehen. Der Stern ist schmutzigweiss, bei den viel selteneren, gleicherweise braunen Goldstern-Saphiren tiefgelb. Die

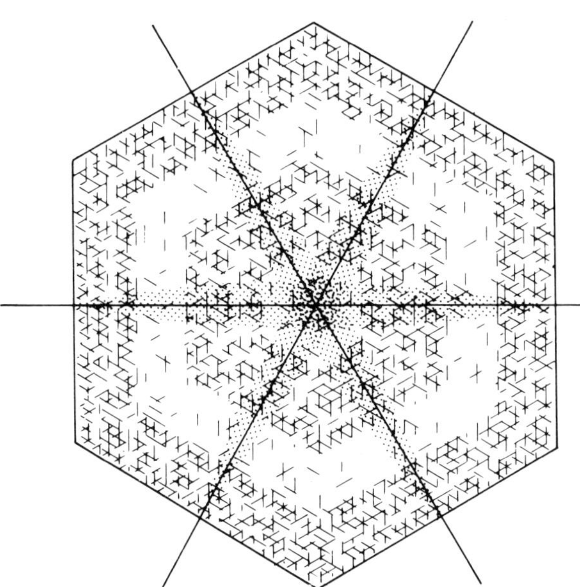

Sternrubin. Indien. Schnitt parallel zur kristallographischen Basis. Ausgezogene Linien kristallographische a-Achsen. Umgrenzung des Kristalls Prisma II. Einschlüsse (Rutil) senkrecht zu den a-Achsen, daher Sternbalken mit den a-Achsen zusammenfallend. Original R. Wessikken.

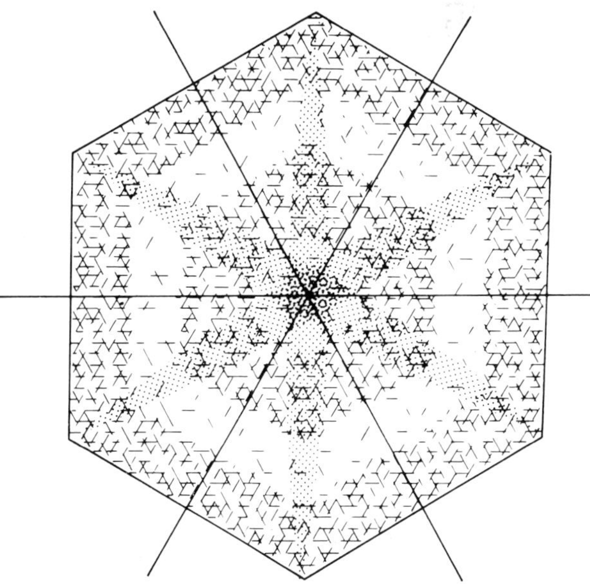

Schwarzer Sternsaphir. Thailand. Schnitt parallel zur kristallographischen Basis. Ausgezogene Linien kristallographische a-Achsen. Umgrenzung des Kristalls Prisma II. Einschlüsse (Hämatit) parallel zu den a-Achsen, daher Sternbalken zwischen den a-Achsen. Original R. Wessicken.

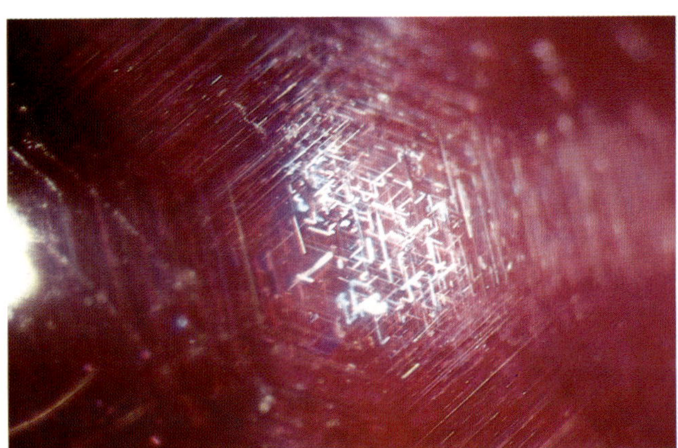

Sternrubin. Burma. Dichtes Gewebe orientierter Rutileinschlüsse. 80×.

dunkle Farbe des Minerals rührt von einem beträchtlichen Eisengehalt her (ein paar Prozent Fe_2O_3), der zum Teil als titanhaltiger Hämatit orientiert eingelagert, zum Teil aber im Korund gelöst ist. Der Hämatit bildet entgegen seinem normalen kristallographischen Verhalten flache Nadeln nach der a-Achse. Die Hämatitnadeln liegen ihrerseits parallel zur Basis und zu den kristallographischen a-Achsen des Korunds. Bei einem ideal geschliffenen Sternsaphir-Cabochon sticht die c-Achse des Korunds senkrecht in der Kuppe aus. Die Hauptvorkommen des schwarzen Sternsaphirs sind Chanthaburi (Thailand) und New South Wales (Australien).

Im blauen Sternsaphir und im Sternrubin bilden Rutilnadeln die lichtstreuenden Einschlüsse und zwar nicht selten als dünne, langgezogene Zwillinge, soweit man nach den wenigen Untersuchungen schliessen kann. Die Orientierung entspricht nicht genau der des Hämatits im schwarzen Sternsaphir, sondern ist um 30° gedreht. Blaue Sternsaphire stammen meist aus Sri Lanka, während schöne «taubenblutrote» Sternrubine fast nur in Mogok (Burma) gefunden werden und zu den seltensten Juwelen gehören. Man kann Sternrubine synthetisch nicht in der Feinheit der burmesischen Natursteine kopieren, da die «Seide» im Labor zu dicht ausfällt. Dafür zeigen die Synthesen einen völlig regelmässigen, auffallend langarmigen Stern, was sie meist leicht als künstlich verrät. Ein sehr scharfer Stern erscheint auch an hitzebehandelten, billigen Naturkorund-Cabochons, denen eine lichtstreuende Aluminiumoxid-Titanoxid-Schicht oberflächlich eindiffundiert wurde. Die Einschlüsse sind dann auf eine ganz dünne Aussenhaut beschränkt.

Der grösste geschliffene Sternrubin ist der Rosser Reeves Star Ruby im National Museum of Natural History der Smithsonian Institution (Washington/USA). Das einzigartige Exemplar stammt aus Sri Lanka und wiegt 138 Karat. Mit der Grösse der Steine geht die Durchsichtigkeit verloren, und die vollkommensten, feinsten Sternrubine sind die wenigkarätigen, nahezu klaren, karminroten mit bloss hauchdünner «Seide», aus der die Sonne einen zarten Lichtschimmer wie schwebende Silberfäden hervorzuzaubern vermag. Die heute wohlfeilen indischen Sternrubine kommen in der Reinheit der Farbe und in der Transparenz weder an burmesische noch an ceylonesische Steine heran.

Andere Sternsteine

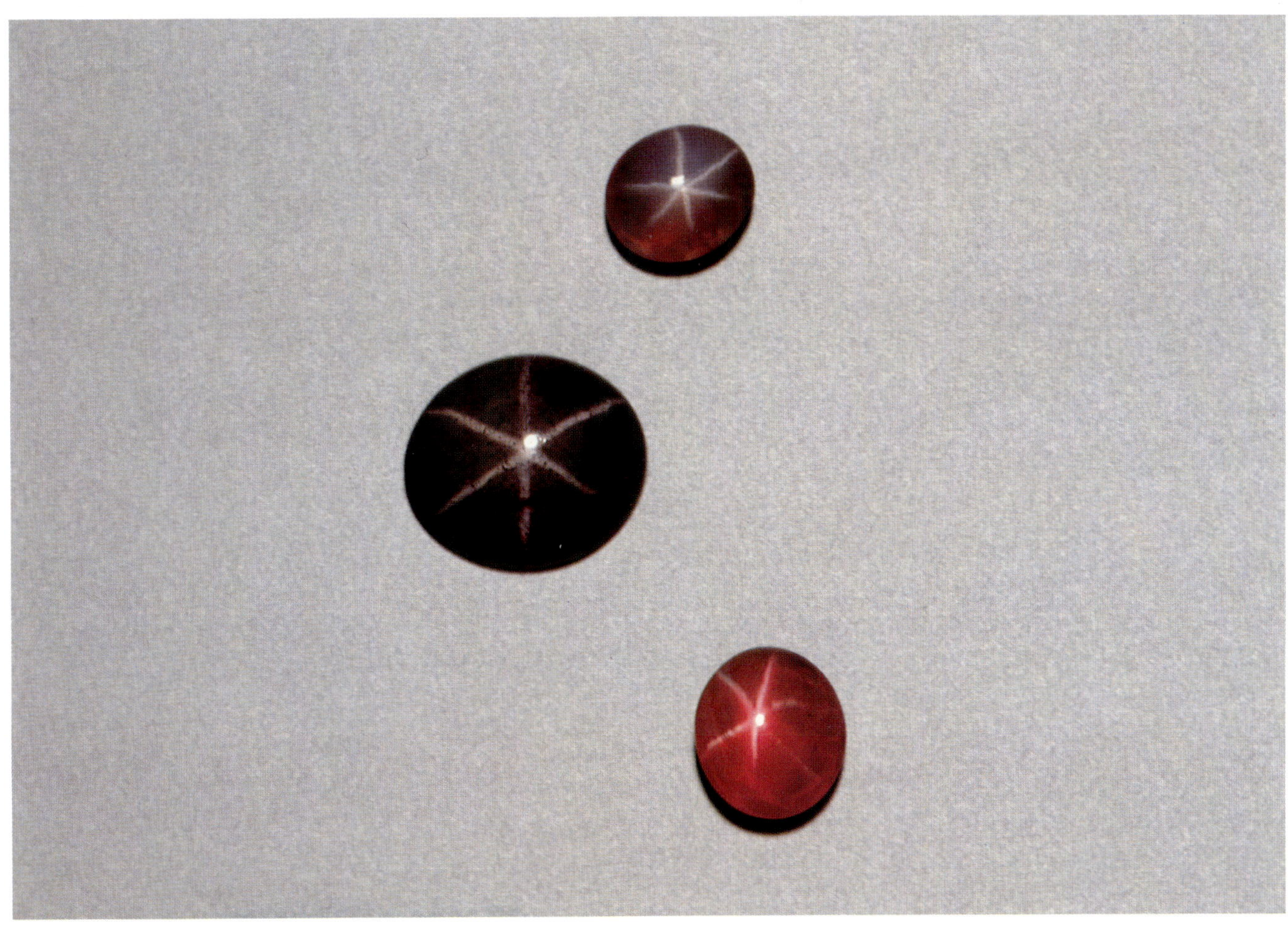

Drei prachtvolle Sternsteine. Oben: Sternspinell 2,26 ct aus Sri Lanka. Mitte: Sterngranat 8,26 ct aus Tansania. Unten: Sternrubin 3,37 ct aus Burma.

Sternspinell. Sri Lanka. Dichtes Gewebe orientierter Rutileinschlüsse. 50×.

Während Sternkorunde sehr kostbare Juwelen darstellen, finden die meisten anderen Steine mit Asterismus fast nur das Interesse von Sammlern und gelegentlich von Wissenschaftern; denn für letztere stellt die Bestimmung ultrafeiner Einschlüsse und ihrer Verbandsverhältnisse mittels Elektronenbeugung im Transmissions-Elektronenmikroskop immer ein lockendes kristallographisches Problem dar. Faserige Einschlüsse können in jedem durchsichtigen Mineral bei gesetzmässiger Einlagerung Asterismus erzeugen. Solche Verwachsungen sind dann nicht durchweg spätere Entmischungen eines ursprünglich homogenen Mischkristalls, sondern können auch durch gleichzeitiges Wachstum einer spärlich vorhandenen Phase (Einschluss) mit einer reichlich vorhandenen (Wirtkristall) entstanden sein.

Dennoch sind relativ wenige Sternsteinarten bekannt. Hier folgt eine knappe Aufzählung und Charakterisierung der geläufigsten:

Sternberyll kommt wie die meisten Berylle aus Brasilien. Das Wirtmineral ist fast farblos, aber die Steine erhalten durch metallisch schimmernde Ilmeniteinlagerungen ein schwärzliches Aussehen. Der Stern ist relativ schwach.

Sterndiopsid von Südindien erscheint durch unzählige orientierte Magnetiteinlagerungen schwarz. Der Magnetit, der den Stein magnetisch macht, bildet ungeachtet seiner kubischen Symmeterie lange Leisten. Der scharfe Stern ist vierarmig und schiefwinklig.

Sterngranat mit attraktivem Asterismus taucht eher selten im Handel auf. Die Steine sind von einem sehr dunklen Rot. An sich tritt orientiert eingelagerter Rutil häufig beim Almandin in Erscheinung, aber die «Seide» bleibt normalerweise zu locker, um einen Stern zu erzeugen. Die Herkunft ist Sri Lanka, neuerdings Tansania.

Sternquarz wird in der Literatur meist als Rutilquarz gedeutet, was für den lichtstreuenden Rosenquarz von Brasilien auch richtig ist. Der durchscheinende, nur leicht milchige Sternquarz von Ambalangoda (Sri Lanka) enthält demgegenüber Sillimanitnadeln in einem lockeren, nicht streng eingeregelten Gewirr, was einen unscharfen und fehlerhaften Stern zur Folge hat.

Sternspinell von Sri Lanka enthält Rutil und ist im Vergleich zu Sternsaphir höchst selten, weil Rutil normalerweise nicht als Einschluss im Spinell auftritt. Die Farbtöne reichen von Dunkellila nach Schwarz, und der Stern ist aussergewöhnlich scharf. Rubinrote Sternspinelle gehören zu den ausgesuchtesten Seltenheiten und bleiben sehr klein.

Katzenaugen

Vier verschiedene Katzenaugen. Oben: Apatit 7,97 ct aus Tansania. Links: Falkenauge 6,60 ct aus Südafrika. Rechts: Kornerupin 0,84 ct aus Kenia. Unten: rosa Turmalin 7,37 ct aus den USA (California).

Turmalin-Katzenauge. Tansania. Grobe Wachstumsröhren in paralleler Anordnung. 40×.

Katzenaugen sind mugelig geschliffene Steine, die in der Sonne den Effekt eines schwebenden Lichtbandes zeigen. Spricht man von Katzenauge schlechthin, so meint man das Chrysoberyll-Katzenauge, einen seltenen und hochgeschätzten Edelstein aus Sri Lanka und Brasilien. Die lichtstreuenden Einlagerungen sind hier parallel orientierte, feinste Rutilhaare in grosser Zahl. Als die höchstbewerteten Chrysoberyll-Katzenaugen gelten die sehr seltenen durchscheinenden, honigfarbenen Steine, wenn auch die reingelben mit ihrem zarten Lichtschein dem Geschmack manches Sammlers mehr entsprechen. Zu den allergrössten Seltenheiten gehören die rot-grün changierenden Alexandrit-Katzenaugen, die ebenso in Sri Lanka wie in Brasilien hin und wieder einmal sporadisch in den Seifen gefunden werden. Es sind chromhaltige, rutilführende Chrysoberylle, eine sehr ungewöhnliche und daher so seltene Kombination der chemischen Elemente Chrom, Beryllium und Titan.

Das Chrysoberyll-Katzenauge hat man wegen des wogenden Lichtscheins auch Cymophan genannt. Heute ist dieser Name vergessen, ebenso die missglückte Anglisierung im Inventar des englischen Kronschatzes («cakeye» statt cat's-eye). Auf eine Inkonsequenz der Sprache sei noch hingewiesen: Man sagt Sternsaphir, aber Chrysoberyll-Katzenauge (nicht: Katzenaugen-Chrysoberyll). Das Chrysoberyll-Katzenauge hat man trotz seinem hohen Handelswert synthetisch nicht hergestellt, wohl aber gibt es Imitationen aus Glasfasern.

Der reizvolle Katzenaugen-Effekt tritt noch an anderen cabochongeschliffenen Mineralien auf. Die meisten von ihnen haben als Schmucksteine kaum Bedeutung, um so mehr aber als hochinteressante und begehrenswerte Sammlerobjekte. Hier folgt eine Aufzählung verschiedener Katzenaugen mit Angabe von Farbe, Einschlussmineral und Fundort: Apatit-Katzenauge, gelbrün bis braun, Einschluss Goethit, Umbatal (Tansania); Diopsid-Katzenauge, dunkelgrün, Einschluss Hornblende, Indien; Kornerupin-Katzenauge, braungrün, Einschluss Rutil, Sri Lanka; Mondstein-Katzenauge, weiss, Einschluss Albit, Sri Lanka; Quarz: Falkenauge, grün, Einschluss Hornblende (Krokydolith), Südafrika; Quarz: Tigerauge, gelbbraun, Einschluss verkieselte und limonitisierte Hornblende (Krokydolith), Südafrika; Skapolith-Katzenauge, grau, Einschluss Magnetkies, Sri Lanka; Turmalin-Katzenauge, blau oder grün oder rosa, Einschluss Hohlröhren mit Turmalin, Hornblende oder sonstiger Ausfüllung, Brasilien und USA.

Kristalleinschlüsse synthetischer Steine

Es wird nicht gelingen, in Synthesen die typischen Einschlussmineralien der Edelsteine nachzuahmen, weil es unmöglich ist, die Laborbedingungen auch nur einigermassen denen der Natur anzugleichen. Die Zeiträume, die für die Kristallisation im Labor und in der Erde zur Verfügung stehen, sind rundweg unvergleichbar. Früher ging das Bestreben der Chemiker dahin, Synthesen für technische Zwecke möglichst rein und frei von Inhomogenitäten zu züchten. Heute versucht man indessen, auch Innenstrukturen (Beispiel: «fingerprints» in synthetischen Rubinen) nachzuahmen, um die Steine «echter» erscheinen zu lassen. Da sich bei einem völlig reinen Stein ein Echtheitsnachweis oft sehr schwierig gestaltet, kann ein unauffälliges, aber charakteristisches Einschlussmineral nicht nur eine verborgene ästhetische Bereicherung, sondern auch ein wertbestimmendes Merkmal und untrügliches Echtheitszeichen sein. Absolute Reinheit von Edelsteinen dürfte bei der ständigen Vervollkommnung der Synthesen und angesichts der grossen Verlockungen zu Betrügereien bald nicht mehr als uneingeschränktes Ideal gelten.

Die Syntheseverfahren gliedern sich in drei Gruppen: Kristallisation in der Knallgasflamme (Verneuil), Kristallisation aus einer Schmelze (Schmelzfluss sowie direkte Erstarrung einer Schmelze) und Kristallisation aus einer Lösung unter hohem Druck und bei Temperaturen über dem normalen Siedepunkt (Hydrothermalsynthese).

Vor allem das Verneuil-Verfahren ist wegen der sehr hohen Temperaturen (über 2000°) so völlig von den Naturbedingungen verschieden, dass Verneuil-Steine leichter zu erkennen sind als die anderen Synthesen. Zu den gemmologisch wichtigen Verneuil-Steinen gehört ein Teil der künstlichen Korunde und Spinelle. Die Kennzeichen sind gebogene Zuwachsstreifen (oft nur ganz schwach zu sehen) und Gasbläschen in lockerer Anordnung oder als «Fahnen» (natürlichen Heilungsrissen ähnlich). Durch Nachbehandlung in der Glühhitze gelingt es, solche «Fahnen» natürlichen «Fingerabdrücken» völlig anzugleichen. Schmelzflussverfahren und Hydrothermalsynthese erfordern mehr Aufwand als der Knallgasofen, eignen sich aber besser für die künstliche Herstellung sehr vieler verschiedener Steine. Aus Schmelzen und Lösungen gezüchtete Synthesen zeigen häufig Heilungsrisse, die sich gelegentlich schon dem blossen Auge als weisslich schimmernder Schleier bemerkbar machen. Solche Risse und «Fahnen» fallen oft durch ihre regelmässige Lappung und parallele Anordnung der Schmelz- und Lösungsreste aus dem gängigen Rahmen natürlicher Strukturen.

Im Vergleich zu echten Steinen sind synthetische sehr arm an kristallisierten Einschlüssen oder gänzlich frei davon. Das mikroskopische Bild erscheint monoton, langweilig und nie von der fast unbegrenzten Vielfalt natürlicher Innenparagenesen. Während synthetische Korunde (ausser den leichtkenntlichen, künstlichen Sternrubinen und Sternsaphiren) überhaupt keine Gastmineralien beherbergen, führen synthetische Smaragde recht häufig eingeschlossenen Phenakit. Moderne und täuschend naturähnliche Smaragd-Nachahmungen entbehren allerdings dieses Merkmals. Das wichtigste Krite-

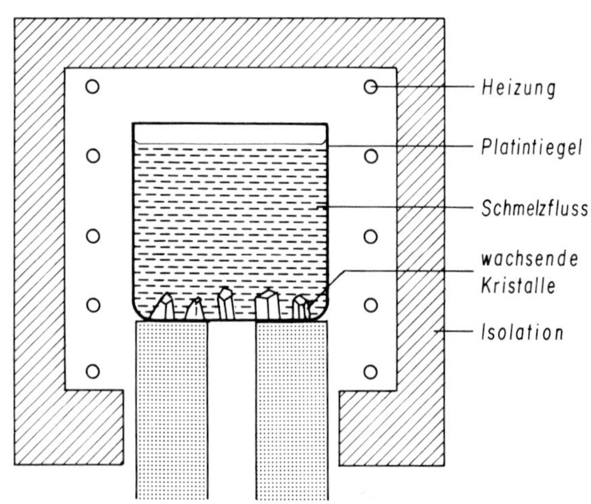

Schmelzfluss-Synthese. Oft wird eine Keimplatte verwendet (Beispiel: Beryll bei der Smaragdsynthese).

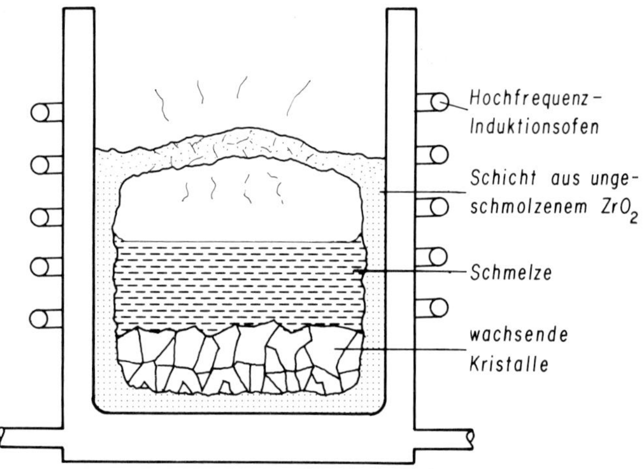

Skull-melting für die Züchtung sehr hochschmelzender Kristalle (Beispiel: ZrO_2, Schmelzpunkt 2687°).

rium bei der Beurteilung möglicher Synthesen bleiben also nach wie vor die Schmelzreste, Flüssigkeitströpfchen (die auch in Synthesen mehrphasig sein können) und Gasblasen. Diesen Strukturen muss man seine volle Aufmerksamkeit schenken, wozu man sich mit Vorteil eine Vergleichssammlung synthetischer Steine zulegt. Die Schwierigkeiten bestehen in der ständigen Folge neuer Synthesen. Alte Verfahren mögen in Vergessenheit geraten und doch wieder unerwartet auftauchen. So entpuppte sich im Los Angeles Natural History Museum ein «herrlicher», vierzehnkarätiger Padparadscha (orange Saphir mit rosa Reflexen) als alte Verneuil-Synthese.

Schlifformen

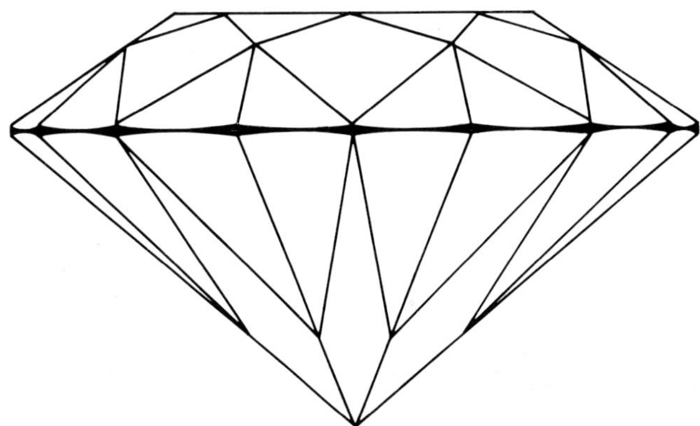
Brillantschliff

Die heutigen Schlifformen (vom Cabochonschliff abgesehen) sind eine moderne Schöpfung, obwohl man manche Edelsteine seit dem Altertum verwendet. Der Schliff an Steinen früherer Jahrhunderte wirkt oft stumpf und unbeholfen; die den Steinen innewohnenden Eigenschaften kommen schlecht zur Geltung und lassen den Zauber heutiger Juwelen kaum erahnen. Der Brillantschliff ist bis zum Zweiten Weltkrieg immer wieder leicht verbessert worden, bis sich die als optimal erkannten Proportionen praktisch durchsetzten. Bei Farbsteinen ist der Schleifer etwas freier in der Wahl der Formen, und er kann seiner Eingebung folgen, den rohen Kristall in ein einzigartiges Meisterwerk von Glanz, Lebhaftigkeit, Feuer und Farbe zu verwandeln.

Polierte Facetten eines Edelsteins sind physikalisch nicht gleichwertig mit natürlichen, idealgewachsenen Kristallflächen, mag auch der Glanz als derselbe erscheinen. Beim mechanischen Polieren entsteht eine «Oberflächenschicht», in welcher rund einen Zehntausendstelmillimeter tief der regelmässige Atomaufbau der Kristallstruktur zerstört ist. Daher ergeben polierte Facetten im Gegensatz zu gewachsenen Kristallflächen oder gebrochenen Spaltflächen nur nach einem komplizierten Anätzverfahren ein Beugungsbild durch zurückgestreute Elektronen. Solche Aufnahmen liefern Anhaltspunkte über die Orientierung des Kristallgitters, beispielsweise über die Lage der kristallographischen Achsen zu den Sternbalken in einem Sternsaphir.

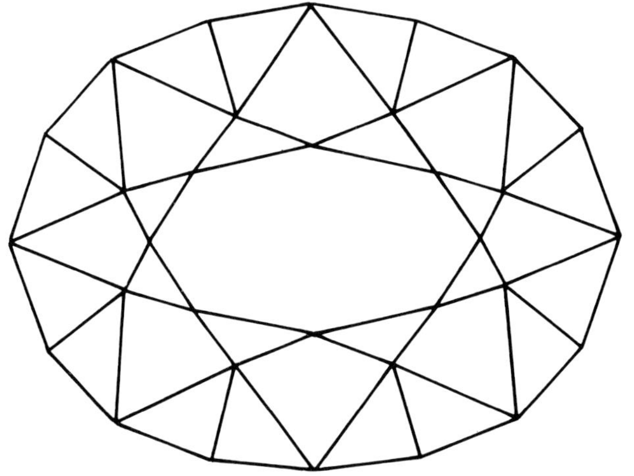
Ovalschliff

Die wichtigsten Schlifformen umfassen den Brillantschliff (Umriss rund), den Ovalschliff (Umriss oval) ein-

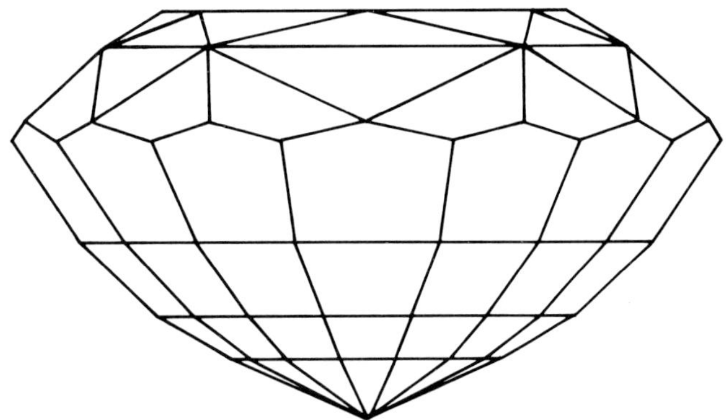

Ceylonschliff

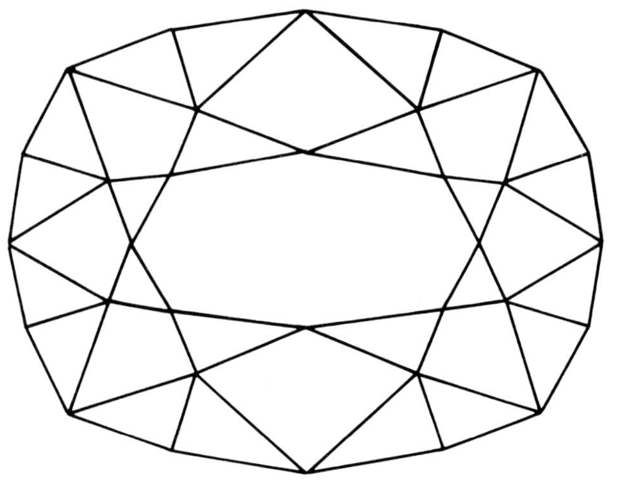

Antikschliff

schliesslich des Ceylonschliffes (Tafel rechteckig und Unterteil bauchig mit zahlreichen kleinen Facetten), den Antikschliff (Umriss oval-rechteckig), den Rechteckschliff einschliesslich des Treppenschliffes und des Achteckschliffes (Rechteck abgestumpft), die Navette (auch Marquise genannt, Umriss linsenförmig), den Tropfen, schliesslich den Cabochonschliff (Oberteil mugelig oder halbkugelig). Oft wählt man die Schlifform nach dem Rohstück. Für gewisse Edelsteine bevorzugt man hingegen ganz bestimmte Schlifformen. So heisst der Treppenschliff auch Smaragdschliff, weil Smaragd fast immer rechteckig mit abgestumpften Ecken geschliffen wird, Korund dagegen selten. Für Diamant wählt man vorzugsweise den prädestinierten Brillantschliff, für Topas dagegen fast nie (ausser für farblosen Topas als Diamantimitation).

Ein gut geschliffener Stein darf von oben keine dunklen (blinden) Stellen aufweisen (ungünstige Innenreflexion). Das Unterteil sollte im Querschnitt annähernd Dreieckform und nicht Halbkreisform aufweisen. Manche orientalischen Schliffe gleichen eher einem verzerrten Ei als einer Edelsteinform. Stellt man einen Stein tafeleben mit der Spitze nach unten auf ein bedrucktes Papier, so soll die Schrift nur schlecht erkennbar sein. Die (sehr kleine) Abstumpfung der Unterteilspitze heisst Kalette; sie sollte nicht poliert werden. Manche Edelsteine verlangen eine bestimmte Orientierung des Schliffs zur Kristallform. Bei Turmalin wählt man meist die Tafel parallel zur Prismenzone, bei Rubin dagegen senkrecht dazu (also parallel zur kristallographischen Basis), in beiden Fällen aus Rücksicht auf den Dichroismus (siehe Seite 66). Bei Smaragd und Aquamarin ergibt sich eine bevorzugte Orientierung der Tafel parallel zur Prismenzone aus dem stengligen Habitus des Minerals. Derart orientiert erscheint ein Smaragd etwas mehr bläulich, mit der Tafel senkrecht zur Hauptachse dagegen mehr gelblich.

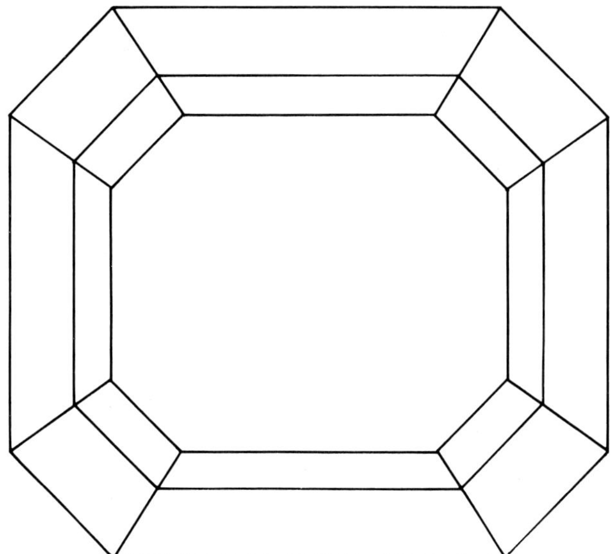

Treppenschliff

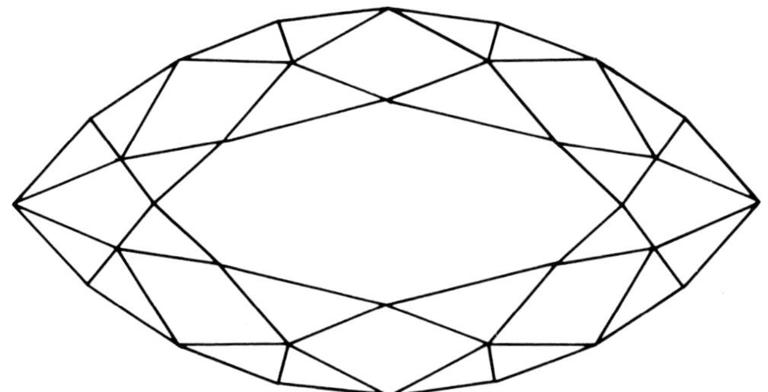

Navette

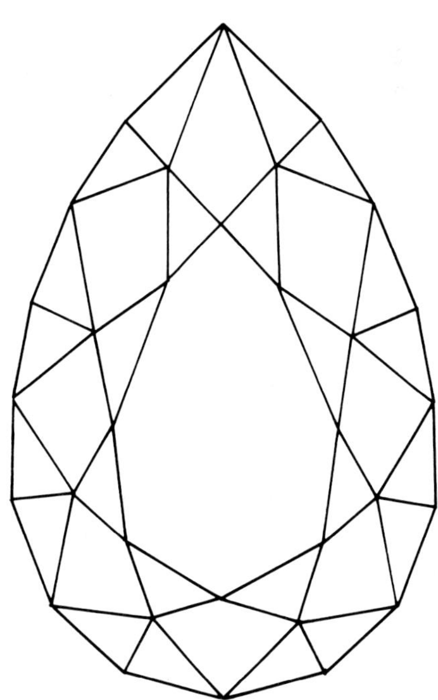

Tropfen

Über das Sammeln von Edelsteinen

Edelsteine wurden ursprünglich wohl wie anderer Schmuck als Amulett oder Talisman verwendet und erfüllten vorerst magische oder kultische Zwecke als Beschützer und Glücksbringer. In der römischen Kaiserzeit erlangten Edelsteine und Edelsteinschmuck grosse Beliebtheit als Zeichen persönlichen Reichtums. Eine ähnliche Blütezeit setzte erneut mit der Renaissance ein, und das wachsende naturwissenschaftliche Interesse machte in der Folge das Sammeln zu einer allgemein verbreiteten Passion. Von der Antike bis zur Neuzeit legten mächtige Herrscher weltliche und kirchliche Schätze an, von denen einige zum Kern moderner Museumsausstellungen wurden. Viele Museen zeigen heute dem Publikum eindrucksvolle Edelsteinsammlungen; von den besten sind vielleicht in Europa: Wien (Naturhistorisches Museum), London (British Museum of Natural History) und Idar-Oberstein (Deutsches Edelsteinmuseum); in den USA: New York (American Museum of Natural History), Washington (Smithsonian Institution) und Los Angeles (Natural History Museum).

Ein privater Edelsteinliebhaber wird kaum den grossen Museen nacheifern können. Im kleinen aber sind Edelsteine durchaus erschwingliche Sammlerobjekte, besonders wenn man von den vier wertvollsten, Diamant, Rubin, Smaragd und Alexandrit, absieht, desgleichen von extremen Raritäten wie Taaffeit oder Painit. Auch in der Steingrösse soll man sich bescheiden, und eine Sammlung nur aus Halbkarätern oder noch kleineren Steinen kann durchaus repräsentativ sein. Es erfordert sogar recht viel Ausdauer, eine umfangreiche Sammlung mit lauter gleich grossen Steinen aufzubauen. Wesentlich für die gesammelten Steine ist ein guter Schliff, der beim Einkauf im Ursprungsland (Beispiel: Indien) nicht immer gewährleistet ist. Auf Sri Lanka, in Bangkok oder an anderen orientalischen Märkten erleben unerfahrene Käufer immer wieder Enttäuschungen.

Edelsteine kann man als Wertanlage, aus Freude am Schönen oder zur Wissensbereicherung sammeln. Das erste Motiv ist sicher das ungeeignetste, weil es für Finanzspekulationen bessere Objekte gibt. Auch wer allein der Sammelleidenschaft frönt, wird nie ganz richtig in die Geheimnisse und Wunder der Edelsteine eindringen. Erst das eigene Studium und die systematische Beschäftigung mit den schönen Steinen offenbaren einem die tieferen Zusammenhänge und die ungeahnten Schönheiten dieses Zweigs der anorganischen Natur. Dazu braucht es ein Stereomikroskop mit Dunkelfeld-Beleuchtung. Derart ausgerüstet kann man die typischen Einschlussbilder und die Unterschiede zwischen natürlichen und synthetischen Steinen kennenlernen. Man wird dann bald auch nicht mehr wahllos sammeln, sondern das Spezielle suchen, wie Steine mit auffallenden Einschlüssen, Phänomenalsteine, Cabochonsteine, Steine der Granatreihe, Gegensatzpaare natürlich/synthetisch oder roh/geschliffen. Zum Aufbewahren kann man durchsichtige Plastikschächtelchen mit Schaumstoffeinlage benützen; die Dosen finden zusammen in einem Etui Platz. Zum Betrachten sollte man aber die Plastikdeckel entfernen, weil der Glanz und das Leben der Steine unter dem Plastik nicht zur Geltung kommen.

Ausgewählte Literatur

Wir sehen heute die Edelsteine mit anderen Augen als die altägyptischen Alchemisten und die mittelalterlichen Mystiker, wenn sich auch etwas von diesen frühen Vorstellungen bis in die heutige Zeit erhalten hat. Als Schmuck kennt fast jedermann vereinzelte Steine. Aber die Vielfalt der Edelsteinmineralien, die fein abgestuften Farbnuancen, das Farbspiel, der Dichroismus (welcher für einen optimalen Schliff eine bestimmte Orientierung der Schlifform zu den kristallographischen Achsen verlangt; Beispiel: Turmalin), alle diese Erscheinungen offenbaren sich erst dem kundigen Betrachter. Er aber wird dem Wort beipflichten, das man dem römischen Gelehrten und Schriftsteller Plinius zuschreibt:

Die ganze Majestät der Natur ist in den Edelsteinen auf kleinstem Raum zusammengedrängt, und ein einziger genügt, darin das Meisterwerk der Schöpfung zu erkennen.

Anderson, B.W. (1980): Gem Testing. Butterworths, London. 9. Auflage.

Bank, H. (1981): Aus der Welt der Edelsteine. Pinguin-Verlag, Innsbruck. 3. Auflage.

Bank, H. (1982): Diamanten. Pinguin-Verlag, Innsbruck. 2. Auflage.

Chudoba, K., und Gübelin, E. (1974): Edelsteinkundliches Handbuch. Wilhelm Stollfuss Verlag, Bonn. 3. Auflage.

Eppler, W.F. (1984): Praktische Gemmologie. Rühle-Diebener Verlag, Stuttgart. 2. Auflage.

Gems & Gemology. The quarterly journal of the Gemological Institute of America. Santa Monica, Ca 90404.

Gübelin, E. (1968): Die Edelsteine der Insel Ceylon. Gübelin, Luzern.

Gübelin, E. (1973): Innenwelt der Edelsteine. Urkunde aus Raum und Zeit. ABC Verlag, Zürich.

Maillard, R., und Jetter, H. (1981): Der Diamant. Mythos, Magie und Wirklichkeit. Herder, Freiburg im Breisgau.

Nassau, K. (1984): Gemstone Enhancement. Butterworths, London.

O'Donoghue, M. (1983): Identifying Man-made Gems. N.A.G. Press Ltd, London EC1V 7QA.

Schumann, W. (1984): BLV Bestimmungsbuch. Edelsteine und Schmucksteine. BLV Verlagsgesellschaft, München. 4. Auflage.

Webster, R., and Anderson, B.W. (1983): Gems. Their Sources, Descriptions and Identification. Butterworths, London. 4th Edition.

Tabelle der wichtigsten Daten der Edelsteine

	Lichtbrechung	*Dichte*	*Härte*
Almandin	1,80	4,0	7½
Andalusit	1,63–1,65	3,15–3,17	7½
Apatit	1,63–1,64	3,17–3,23	5
Beryll	1,56–1,60	2,67–2,90	7½
Brasilianit	1,60–1,62	2,98–2,99	5½
Chrysoberyll	1,74–1,76	3,71–3,72	8½
Demantoid	1,89	3,85	6½
Diamant	2,42	3,51	10
Ekanit	1,60	3,28	6
Euklas	1,65–1,67	3,10	7½
Glas	1,44–1,70	2,0–4,2	5–7
Granat	1,73–1,89	3,6–4,3	6½–7½
Hessonit	1,74	3,65	7
Idokras	1,70–1,72	3,32–3,47	6½
Iolith	1,53–1,54	2,57–2,66	7
Jadeit	1,65–1,67	3,30–3,36	7
Kornerupin	1,66–1,68	3,27–3,45	6½
Korund	1,76–1,77	3,98–4,00	9
Labrador	1,56–1,57	2,68–2,70	6
Lapislazuli	1,50	2,75–2,95	5½
Nephrit	1,60–1,64	2,90–3,02	6½
Opal	1,44–1,46	1,98–2,20	6
Orthoklas	1,52–1,53	2,56–2,59	6
Painit	1,79–1,81	4,01	8
Peridot	1,65–1,69	3,34	6½
Pyrop	1,73	3,65	7
Quarz	1,54–1,55	2,65	7
Rutil	2,62–2,90	4,20–4,25	6

	Lichtbrechung	*Dichte*	*Härte*
Sillimanit	1,66–1,68	3,25	7½
Sinhalit	1,67–1,71	3,48	6½
Skapolith	1,54–1,57	2,60–2,71	6
Smaragd	1,57–1,60	2,69–2,78	7½
Sodalith	1,48	2,15–2,35	5½
Spessartin	1,80	4,16	7
Spinell	1,71–1,78	3,58–4,06	8
Spodumen	1,66–1,67	3,17–3,19	7
Taaffeit	1,72	3,61	8
Tansanit	1,69–1,70	3,35–3,38	6
Topas	1,61–1,64	3,53–3,56	8
Türkis	1,61–1,65	2,60–2,90	5½
Turmalin	1,62–1,65	3,02–3,26	7–7½
YAG	1,83	4,57	8½
Zirkon	1,78–1,98	3,95–4,70	6½–7½
Zirkonia	2,15–2,18	5,65–5,95	8½

Die Werte können wegen Änderungen der chemischen Zusammensetzung und des physikalischen Zustandes schwanken. Ferner umfasst die Lichtbrechung bei doppelbrechenden Steinen einen ganzen Bereich. Diese Streuungen sind bei den Angaben gesamthaft berücksichtigt.

Tabelle der Zeitalter der Erdgeschichte

Erdneuzeit, Känozoikum	Quartär	Beginn vor	2	Millionen Jahren
	Tertiär	"	65	"
Erdmittelalter, Mesozoikum	Kreide	"	140	"
	Jura	"	210	"
	Trias	"	250	"
Erdaltertum, Paläozoikum	Perm	"	290	"
	Karbon	"	360	"
	Devon	"	410	"
	Silur	"	440	"
	Ordovizium	"	500	"
	Kambrium	"	590	"
Präkambrium		Alter der Erde: 4½ Milliarden Jahre		

Alphabetischer Index